幸せの門がある学校

子どもたちとともに育ち、育てられた養護学校長の体験と学び

船尾 日出志

学文社

凡　例

- この小論は，筆者が附属養護学校長時代に日々書き残していた記録と，その都度の問題意識にもとづくドイツ教育学に関する学びの成果から構成されている。本文では前者は丸ゴシック体で，後者は明朝体で記述されている。
- 文中に登場する附属養護学校の教員の氏名は実名である。ただし職名は，当時のものである。
- 文中に登場する児童や生徒の氏名は仮名である。ただし保護者についてはイニシャルで表記した。
- 本文中に使用した写真は，掲載にあたり現在の附属養護学校の小川正光校長，および酒井敬副校長より許可を得た。
- 本文中に「附属養護学校」と「附属特別支援学校」の２つの用語が出てくるが，前者は通称，後者は法制上の名称であり，実際には同一のものを示している。

目次

はじめに

2011年3月11日は、忘れられない日になりました。その日の午前中に愛知教育大学附属養護学校（以下、原則として「附養」と表記）の修了式が行われました。その8日前、3月3日の卒業式とともに、その日はわたし自身にとっても重要な区切りの日、実質的に校長としての最後の日だったのです。もちろんそのことだけで「忘れられない日」になったのではなかったのですが……。

修了式では、修了証授与のあと、「校長先生のお話」をしなければなりません。わたしは次のようなパフォーマンスを行いました。

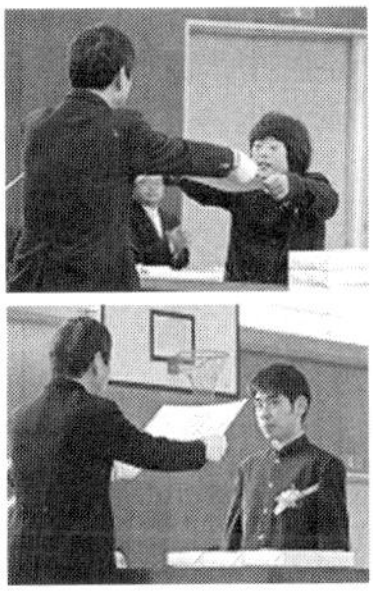

わたし：「おはようございます。」
子どもたち：「おはようございます！」
わたし：「みなさんはどんな食べ物が好きですか？」
　かなりの数の子どもたちが挙手して答えてくれました。「カレーライス」という答えが多かったのですが、ほかにも「ハンバーグ」とか「スパゲティ」とか。
わたし：「校長先生はあんパンが好きです。どうしてかわかりますか？

……実はあんパンを食べるとアンパンマンのような立派な人になると思っているからです。……アンパンマンはどうして立派かわかりますか?」

子どもたち：「空を飛べるから……バスケットボールが上手だから……困っている人を助けるから……」

わたし：「そうですね。アンパンマンは困っている人を助けます。みんなもそんな人間になってください。」

子どもたち：「はーい。」

子どもたちが帰り、昼食を済ませ、校長室で仕事をしていると、めまいを覚えました。しかしそのめまいは地震の揺れに起因するものでした。ゆっくりとした大きな横揺れがかなり長い時間続きました。後に「東日本大震災」と称される大災害が日本を襲ったのでした。しかし、わたしが事態を相当に深刻なものであると把握したのは、ドイツのラインハルト・ヘッセ教授（フライブルク教育大学）

からの次のようなメールによってでした。記録によれば15時39分に受信しています。

「たった今、日本における大地震のことを知りました。あなたとあなたの家族は無事ですか」。

その日以降、マスコミは大震災（＋原子力発電所の事故）に関連したニュースを伝え続けました。おおよそ2万人（当初は3万人と報道されていました）という多数の死者と行方不明者を出した自然災害（原発事故は相当に人災という側面もありますが…）であるゆえ、見聞きするのがとても辛いニュースが多いことは確かです。しかしときには、ほっとさせてくれる報道に接することもあります。たとえば２０１１年3月26日付の朝日新聞で、アンパンマンの主題歌が被災者に力を与えているという記事をみることができました。

『アンパンマンマーチ』には、次のような一節があります。

「なにが君の　しあわせ／なにをして　よろこぶ／わからないまま　おわる／そんなのは　いやだ！」

わたしが校長としての最後の仕事のなかでアンパンマンに言及したのは、アンパンマンのように困っている人を助けることが、人間の真の幸せなのだという確信を附養の生活で得ていたからです。

校長の任期を終えて1カ月ほど経過した5月7日、わたしは附養における２０１１年度の最初の同窓会に出席していました。その会の昼食時、同席していた杉江清先生から次のようなお話しを聞くことができました。

「附養が開校される前、わたしは附属岡崎小学校で高学年の特殊学級を担任していました。当時は知的障害児への教育は、今とは比べものにならないほど研究も実践も進んでいませんでした。わたしもまた手探りで授業を行っていました。あるとき、子どもたちには多分理解してもらえないだろうと思いつつも、宮沢賢治の『雨ニモマケズ』を教材として選びました。子どもたちにその詩を繰り返し唱和させたのです。…その学級のAくんはその後、開校した附養に進学し、高等部を卒業した後、自衛隊に入ったのです。その事実を知ったとき、わたしは失礼ながら、当時の自衛隊はよほど人集めに苦労しているのだなと思ったものでした。その後、自衛隊をやめたAくんと話をする機会があったのですが、そのAくんから思いがけないことを聞きました。なんとAくんは小学校のときに習った『雨ニモマケズ』を覚えていて、その考え方をもとに自衛隊員としてがんばったのだと言ったのです。Aくんは確かに知的障害者ですが、心意気では決して他の隊員に負けない、立派な自衛隊員だったのです」。

そのお話しは、杉江先生に比べれば量も質も乏しいわたし自身の経験や体験を通しても、十分に納得できるものでした。かれら、かの女らと接していますと、その輝きに、その力に驚かされることがありました。知的障害者、知的障害児をもっぱら介護されるべき存在としてのみ理解してはならないのです。附養の生活のなかで、そのような認識を得ることができたのです。

附養の校長としての3年目、任期の最後の年度にわたしは還暦を迎えました。ということは57歳までの人生においてもち得なかった信念や認識を、附養での過ごした3年間で得ることができたのです。

序章　養護学校の校長に内定

2008年2月上旬、当時の学長より「特別支援学校の校長になってください」と依頼されました。思いがけないお話しでした。養護学校についても、特別支援教育についても、ほとんど知識をもっていなかったからです。学校長というのはどのような仕事をするのかも、具体的にイメージできませんでした。ただし「校長の話が長いと嫌われる」という認識だけはもっていました。もっとも校長就任後、しばしば「話は短くしてください」と指摘されることになったのですが。

知的障害者のための学校（Schule für Geistigbehinderte）　ドイツ教育学研究から①

ナチズムの支配が終わった後でも、知的障害の子どもたちは学校に通って学ぶ力がないという理由で学校から締めだされ、散発的に「支援学校や支援学級」に通うことが黙認され、あるいは保育所に似た施設、ないし託児所において世話された。

外国のモデルを参考にして、両親の「生活支援」連盟の創設後、ようやく1958年以降に徐々に学校的な施設が誕生した。ドイツ中西部に位置するヘッセン州では1961年に初めて「知的障害者のための特殊学校諸学級」、つまり後の「実際に教育可能な子どものための学校」(Schule für praktisch Bildbare）が誕生した。バイエルン州では１９６５年に特殊学校令によって、「知的障害者のための学校」が他のさまざまな特殊学校と同価値的に、特殊学校の系列に編入された。知的障害者のための学校は、何よりも知的障害者には教育が与えられないという状況から、あるいは普通学校において試みられた教育の挫折から生まれ、そして当該の両親や若干の熱心な専門家の粘り強い闘いの成果であるということは確認すべきである。すべての障害の種類や重さに無関係に児童・生徒の受け入れは厳しく勝ちとられねばならなかったし、そして今日もなお少なからずの州では重複障害や重度の障害の子どもは、ときに拒まれることもある。

今日、その形態の学校は文部大臣会議の提案にしたがって、多くの州で「知的発達という促進重点をもつ学校」と呼ばれている。その名称は、知的障害という論争の余地のある概念を避け、そして欠陥を叙述するのではなく、むしろ「綱領的に」特別な教育欲求と促進欲求を強調しようとするものであった。同時にその他の就学の仕方からそれほど違わない可能性が存在することになる。一方では他の特殊学校ないし促進学校の分科において、ならびに包括的な特殊教育促進センターにおいて、さらに他方では普通学校における協同的形態において、あるいはまた統合的な形態において。

ただし知的障害者のための学校は、なお依然として、引き続きドイツにおける知的障害の青少年の大多数が通学する施設である。学年ごとの「知的発達」という重点における促進を必要とする人の割合は、全体として１９９９〜２００２年までに、０・７１３〜０・７８８％に増え（絶対数では６万５５８７人から７万４５１人に、そして特に特殊学校では６万３７２５人から６万８４７０人に増加）、同時に同じグループで普通学校に籍をおく者の割合は２・84％から２・81％に減少した（絶対数では１８６２人から１９８１人に微増していたが）。

学習という促進重点（学習障害者のための学校）についで、その学校形態は依然として２番目に多数が通学する特殊学校の形態である。

「社会的統合のなかでの自己実現」という中心目標の枠内で、意図的に、すべての発達領域を包括する教育が志向されている。具体的には、機能に関係した（知覚、運動、認知あるいはコミュニケーションにおける）さまざまなコンピテンス（コンピテンスは「物事を知ること」だけでなく「実際にうまくできること」もまた意味する。その際、「うまくできる」とは、達成感や満足感を得ることである―船尾補足）の媒介、および（飲食、身体衛生等のような領域における）能動的な生活成就が、しかし何よりも包括的な人格形成（自主性、実際に近い自己評価、情緒的安定性、やる気等）が目指される。

その類型の学校を多くの州において、組織的かつ構造的に、その他の学校類型にたいして際だたせ、そしてその位置づけに関する特徴に応じて別の学校形態から区別するものは、なかんずく次の８点である。

① 早期促進および就学準備グループの領域における単元案。

②　全日的通学。
③　9年間から12年間への就学期間の延長（理由がある場合にはさらに延長というオプションも）。
④　低学年段階、中学年段階、高学年段階および仕事段階ないし卒業段階という段階分け（バイエルン州では、基礎学校段階、基幹学校段階および仕事段階）。
⑤　学習と生活のための場としての住居のように構成された教室。
⑥　相対的に少ない学級ごとの子どもの数。
⑦　さまざまな学歴や資格を有する人材の投入（特別学校教員、その他の教育やテラピーの専門家、作業の専門家等）。
⑧　普通教育の単元案を越えて卒業後の生活世界に準備するという特別な目標設定を有する比較的自立した仕事段階。

学級定員、教員待遇の質、最小限備え付けるべき教具や備品、そしてその他の基準や規格に関することは、州ごとに相当な違いが観察される。財政削減措置により悪化の傾向もある。

学校生活および授業の仕方や質は学校種、児童・生徒の組み合わせ、そして目標設定次第で相当に多様でありうるが、しかし何よりもそれぞれの児童・生徒の学習欲求や前提に定位する。児童・生徒はそれぞれに異なる生育上の経験や興味関心を有している。そこから、個別の教育計画や促進計画もまた作成する必要性が明らかになる。

その他の特別な、知的障害者のための学校における生活と学習を規定する活動を導く原理を以下に列挙する。

① 年齢だけではなく、何よりも個々の児童生徒の発達水準および個人的発達論理に定位すること。

② 単元案の特に集中的な個人化と個別化。

③ 見通せる学習を「感覚の全体」と具体的な日常状況において可能とする試みとしての全体性。

④ 活動的学習、しかし過度に複合的かつ抽象的な教育内容の構造化と要素化。

⑤ 重複障害や重度障害の児童生徒のための特別な基礎的、ならびにまたテラピー的に方向づけられた単元案。

偉大な要請として目下、次のことが求められている。すなわち、自己の施設およびその構成員の社会的孤立を、地域の人々とのより多くの接触によって、そして普通学校とのより緊密な協同によって克服し、ならびにその施設が重複障害や重度障害の児童生徒のための「おまけの学校」になりうる危険を克服することが。

治療教育学（Heilpädagogik） ドイツ教育学研究から②

19世紀における系統的治療教育学のさまざまな端緒はカテゴリー的に組織されていた。それらは、当初は耳や目の不自由な子どもたちのためのものであり、そしてそのようにも命名されていた。その際、感覚的な制約が問題となり、そして治療教育上の教育努力は、たとえば知的障害児にとってもまた、感覚的な弱さのイメージを尺度にしていることは驚きではない。医者として耳の不自由な子どもたちにかかわっていたジャン・イタールは、1802年に「オオカミに育てられた少年」、ヴィクトールについて教育実験を開始した。その実験は通常の治療教育学的カテゴリーの形成には繋がらなかった。なぜなら、その教育プログラムの中心成分はかれの教え子の「弱い感覚」の強化であったので。その点でイタールは聴覚を失った子どもたちとの経験によって、さらにまたイギリス流感覚論によって影響を受けていた。イタールから、弟子であるエドゥアール・セガンに継承されたそのような考え方は、教育的プログラムを内包していた最初の包括的概念「精神薄弱教育」と結びついていた。

治療教育学という用語は、さしあたり何よりも知的障害の青少年のための教育領域において使用され、そしてヤン・ダネル・ゲオルゲンスとハインリッヒ・マリドヌス・ダインハルトの教科書（全2巻、1861-1863年に刊行）のなかで学科として位置づけられた。その教科書は何より治療教育作用の神学的根源（魂の治療）と医学的根源（身体の治療）と社会教育的根源（子どもの福祉）を説明し、そしてさまざまな専門家の共同活動を求めた。内容的にその概念（治療教育学）は何より次の理由でつかみどころがない。すなわち、その概念はさまざまな制度的結合を伴う「障害」

カテゴリーに方向づけられた個別教育学の広範なスペクトラムを包括するだけでなく、文字通りの意味における「治療」〔ドイツ語の heil は〝救済〟という意味もある〕は治療教育学の目標でありえないという理由でもまた。

概念形成にたいする現実制度の影響は、例をあげれば、「支援学校教育学」の概念において示される。その概念は支援学校の量的拡大と結合し、そして長年にわたって治療教育学の表面的理解を支配した。他方そのような概念の強みは、まさに現実の制度との具体的な結びつきにもある。

概念上の重要な変化は、1941年に刊行されたハインリッヒ・ハンゼルマンの『特殊教育（治療教育学）の理論に関する基本線』とともに始まった。そのタイトルには、「特殊教育」と「治療教育学」という用語がともに含まれている。特殊教育という概念によって、ハンゼルマンは教育学を、医学や神学の隣接諸学科からの解放を志向した。その自律に向けての葛藤を解決するという意味において、ハンゼルマンの弟子、パウル・モーアの次の有名な言明もまた理解される。「治療教育学は教育学であり、それ以外の何でもない」。しかしその後1960年代には、「治療教育学」の概念は「特殊教育学」にとってかわられた。そのことは、アメリカの「スペシャル・エデュケーション」の影響と関連していた。それと競いつつ、「障害者教育学」の概念がウルリッヒ・ブライディックによって使用された。ヘルバルトを回顧しつつ、ブライディックは障害を知識や技能獲得の妨げとして、そして適切な躾け措置の出発点として理解することを提案した。

「特殊教育学」や「障害者教育学」という用語は、ますます明らかとなったさまざまな不都合と結びついていた。「特殊」教育学概念によって、あらゆる人間にとって共通の人間的なものにたいする障害者の特殊点が力説されている。その概念は、ドイツ語圏では感じられているのだが、さまざまな差別的選別措置を内包し、かつ正当化した。しかしその差別的に選別する措置は、勢力を増しつつある統合教育学のなかで厳しい批判を受けていた。その際、統合教育学のイメージは、ますます強くなるインクルージョン（Inklusion）論議の枠内で不必要となった。ただしそれまでも、インクルージョン教育学について語られることはなかった。用語的に、インクルージョン教育学は、統合教育学の概念と類似した諸問題を抱えている。児童・生徒のインクルージョンを促進し、そして先入観にもとづく排除の危険を回避することは、あらゆる教育学の課題である。

障害者教育学について語ることは、活動領域の特有性をよく規定できるという利点とならんで、障害にたいする問題ある焦点化の不都合と、そして障害の包括的な本体論化の危険と結合している。そのこと（本体論化）は、障害の問題圏についての状況的・相互行為的説明経過と矛盾している。生態学的理論構想、統合とノーマライゼーションの主導原理、自立運動やエンパワーメント（Empowerment）構想の影響は、障害者のための教育学の自己理解を徹底的に変革してはいるが、しかし特殊教育学あるいは障害者教育学の上位概念のなかでは、かろうじて部分的にしか反映されていない。

用語上の新たな対処は、一方ではリハビリテーション概念において、そして他方では新たに根拠づけられた治療教育学という歴史的概念への回顧において試みられている。リハビリテーション教育学は包括的な学科概念および専門概念として東ドイツにおいて使用されていた。その概念の使用に関する現代の根拠づけにおいては、何よりも社会法的概念としてのリハビリテーションが、連邦社会支援法が想定しているすべての医学的、職業教育的、そして社会教育的措置を包括していることが指摘されている。概念体系の社会法的統一化とならんで、リハビリテーション概念の使用は、(特殊)学校の伝統の支配から解放される可能性を提供している。しかしその際、リハビリテーションおよびリハビリテーション学という概念は医学的なニュアンスがあることを見過ごすべきでない。

〝ganz〟(完全な)としての、そして〝Glück〟(幸福)の意味における〝Heilpädagogik〟(治療教育学)という言葉の〝heil〟の語源的意義にかかわって、とりわけオットー・シュペックは、治療教育学という概念の復活を次のように宣伝した。「治療教育学は、個人的かつ社会的な脱統合の脅威から出発し、そして特に独自の自己実現と所属感のための、生きる力と生きる意味の獲得のための諸条件の達成あるいは再達成が、それゆえ完全となることが課題である特殊な教育学として理解される。『特殊』とは、特殊な支援が必要とされる限りでのことでの『特殊』であるが」。

用語上の混乱を考慮しつつ、ブライディックはさまざまな概念の使用における思慮ある実践を求めている。思慮深さは、別の用語の使用も可能であるという柔軟性の承認もまた含んでいる。そのことは学問の理論形成にとって、問題があるかもしれないが、しかし現実的な対応である。将来においてもさまざまな概念が競い合い、並行的に使用されるだろう。しかしひょっとしたら、概念の柔軟な使用は、（治療）教育学的反省に不可欠な開放性に相応しているのかもしれない。

そのようなドイツ教育学の学習と並行して、わたしは公印として使用される直径12ミリの印鑑を入手し（3月27日）、礼服用の黒の皮靴、および校内上履きとしてのスリッパを購入しました（3月29日）。

第1章　1学期

第1節　子どもを迎える準備（4月1～7日）

4月1日　始業式の日から、あるいは入学式の日から学校が始まるのではありません。子どもたちをスムーズに受け入れる準備が必要です。子どもたちがより安全に、より快適に学校生活を送ることができるために、その準備はとても大切なのです。準備には2種類あります。校内的準備と対外的準備です。そして校内での準備の中心となるのはもちろん職員会議です。わたしが校長として初めて参加した職員会議は4月1日の午後に行われました。

（たまたま学長もまた新任であったため）4月1日には学長自身が文科省にて辞令交付式に参加していた関係で、わたしが学長から校長としての辞令をいただいたのは4月2日でした。したがって、自身が校長としての辞令をいただく前に、新任職員に辞令を渡し、その後はじめて職員会議に出席したのです。

職員会議では、校務主任の増岡潤一郎教諭から、「春休み中の点検により、小学部運動場の遊具等の痛みが激しいことがわかり、一部の遊具を使用禁止にしたい」との報告がありました。

職員会議後、さっそく遊具を見に行き、写真撮影しました。そして附属学校部長宛に次の文書を送付しました。

前略　御世話になっております。４月１日より附属養護学校校長を務めます船尾でございます。ご多忙とは存じますが１点ご報告とお願いをいたします。

　養護学校の遊具の件でございます。写真をみていただきますと分かりますように養護学校の遊具は総じて錆びつき、見た目からして酷い状態にあります。

　そして単に見た目が悪いということだけでなく、緊急の修理が必要でもあるのです。最近の専門業者による点検におきましても、「アスレチックＡ」をはじめ危険度Ａのものすらあり、多くは修理を必要としております。養護学校の教育方針のなかで子どもたちが遊具により活動することを重視するという主旨のことが書かれています。どうかご検討の上、然るべき対応をお願い申し上げます。なお詳しい事情は養護学校の校務主任（増岡潤一郎教諭）にお尋ねください。

草々

平成20年４月２日

附属養護学校長　船尾日出志

滑り台も安全，快適に…

改修され，きれいになった遊具

（その後、8月8日に大学より遊具の全面的な改修のための予算が認められたとの連絡を受け、そして11月には改修が完了しました。）

対外的な準備で、わたしがかかわったのは、①地域の教育委員会や教育事務所、そして教育関係団体への挨拶、②校医さんへの挨拶、③高等部3年生の生徒たちの居住地にあるハローワーク等への挨拶です。

内科、耳鼻科、歯科以外に、精神科の先生にも校医をしていただいていることに驚きました。実は、精神科の先生は定期的に保護者や教員との相談活動をしてくださり、附養の教育にとってとても重要な役割を果たしていただいていたのです。しかし、そのことに明確に気づいたのはかなり後のことでした。

いずれにせよ、そのような挨拶活動のなかで、学校としての附養の特徴を実感することができます。たとえば、ハローワークに校長1年目に進路指導主事と出かけたときはそれほど覚えなかった不況感を、2年目には強く覚えました。「昨年よりはるかに求職者が多く、殺気立っていた」とわたしは記録しています。ハローワークの担当者からは、「健常の方々でも就職先がありません。基本的には学校で就労先を探してください」と言われました。養護学校は、社会の好不況を強く感じる場でもあったのです。しかし、附養から巣立つ人たちに就労を保証したいと思いました。労働は、人間が人間である証なのですから。

ドイツ教育学研究から③

労　働（Arbeit）

1948年の国連人権宣言第23条第1項によれば、「すべて人は、勤労し、職業を自由に選択し、公正かつ有利な勤労条件を確保し、そして失業にたいする保護を受ける権利」をもっている。今日までのところでは、ほとんどの知的障害者はその基本的権利を特別な制度的準備（障害者のための作業所、一部には統合プロジェクト）のなかでしか実現していない。その限定されたオプションの利用は社会権的要求を介して保証される。他方、一般労働市場における労働権は、さまざまな障害を有する人々にとっては、常にしばしば忘れられている。多かれ少なかれ限定的な能力ゆえに、経済的利益を目標とする財の製作やサービスの実行の意味における労働は、知的障害者にとってはたいてい公的手段の投入なしに自分の生活費を支弁するという機能を果たすことができない。にもかかわらず、知的障害者もまた自己の労働活動から、その個人的可能性の枠内で自己決定的な生活の営みを可能とする賃金を得ることを欲している。認知的損傷がない人の場合とまったく同様に、労働はその潜在力からして数多くの機能と効果を果たす。すなわち、労働を介して個人は自己がより大きな集団の一員であることを経験する。より大きな集団の諸活動に、個人は承認されている役割を介して参加するだけではない。個人はその集団のなかで、生産的でそして意味のある時間使用への自己の人間的欲求を表現することができる。労働によって生み出された成果は外的な利益を約束するだけではない。それはまた自己の能力の反映であり、それにより個人的な自己肯定感と社会的承認にとっての拠り所である。労働を介して、日々の生活は反復的な時間的構造と枠を獲得する。労働は同時に、障害に限定された自己の生活構成可能性の制約を補う。労働は概して社会化の重要な要因である。労働は、知的障害者の場合には通常、狭く限定された居住領域（家庭、住居施設）をほとんど越え出ることがない状況から、社会的な接触可能性を生み出し、そしてその可能性を拡大する。それと同時に労働は新しい経験や体験の場を、ならびに個人的発達のためのさまざまな刺激を開拓できる。そのような労働の促進的機能は、労働が労働教育学的に、一定の、個々人に適合した要求基準したがって構成されることを前提としている。その基準にはなかんずく次のものが属している。

① 労働環境の最小限度の変更。
② 明確で、見通しやすい労働要求と労働の流れ。
③ 単調で、求めることが少なすぎる班別活動は行わない。
④ 運動的、社会的、認知的、そして創造的諸能力の活性化。

⑤ 過当要求にならないよう配慮しつつ、要求を合目標的に拡大すること、そして達成された成果と個人的努力の承認。

⑥ 特に重要であるのは、労働の場における人間関係。

第2節 始業式（4月9日）と入学式（4月10日）

4月9～10日 当時同僚であった寺本潔教授から助言をえたこともあって、初めてクレヨンで描いた絵を手に持ちながら、子どもたちの前に立ったのは4月9日の始業式においてでした。附養動物園にいる動物たちのうち、ウサギとニワトリを描いた画用紙をみせながら、子どもたちに話をしました。

始業式後、当時の副校長であった望月彦男先生から「1枚の画用紙に1羽ないし1匹の動物を描きなさい。色彩は濃く塗るようにしなさい」とのアドバイスをえて、翌4月10日の入学式では数枚の絵を手に持ちながら、新入生に向けて心をこめて話をしました。しかしこの時点では、子どもたちをしっかりみて、ゆっくりと、大きな声で、気持ちのはいった話をすれば、必ず子どもたちに通じるということがわかっていたわけではありませんでした。そのような確信をもつことができていませんでした。そもそもわたしは、「知的障害」について何も知らないに等しかったのです。

知的障害（geistige Behinderung）

知的障害という言葉は、その意味は不明確ではあっても、しかし頻繁に使用されるようになっている概念である。その概念は、脳神経の複合的な機能不全のゆえに、生活を自主的に営むことが相当に困難であり、それゆえ生涯にわたって特別な支援、促進、介護を必要とする人々を特徴づける。この概念の問題はその言葉の意味内容にはあまりなく、むしろその社会的機能にこそある。その概念は、その概念によって特徴づけられる人々がまさに、ことさらに定義されることで、社会的に過小評価され、軽く見られ、そして排除される危険を伴いうる。それゆえ知的障害という表記について論議されている。場合によって侮辱的な表現となることを回避するために、今日では広く代替概念が求められている。

「知的に障害がある」（geistig behindert）という言い方はドイツ（西ドイツ）の場合、１９５８年に「知的障害児のための保護者連盟」が登録協会として設置された際に初めて公的に使用された。その言い方は明らかにアメリカ合衆国の用語に由来していた。アメリカでは、当該の人々については当時、〝mentally retarded〟と表記されていた。「メンタル」を「知的」と翻訳すること自体は正しい。ラテン語の〝mens〟は「知力」ならびに「知性」を意味している。ドイツでは、「知的」は「身体的」や「精神的」とならんできわめて周知の形容詞である。むしろ、「知的」あるいは「メンタル」という言葉で考えられていることについては一致がある。すなわち「知力」や「知性」に関係する何かであると。「メンタルの障害」という表現もありえたかもしれない。

ようやく「知的障害」という概念が疑問視されることになったのは、社会参加のプログラムが前進せず、その侮辱するがごとき用語のなかに障壁がみられることによってであった。その言葉の取り替えによって、その言葉が表す人々を侮辱から守ろうとする試みは、ここで考えられている問題概念史において繰り返し行われてきた。しかしその試みは、確かに成功しているとはいえない。社会心理的問題はそれによっては解決されえない。今日、再びかつ熱心に、欠陥に規定されず、そして侮辱することもない代替概念が追求されていることも、理解できる。しかし、代替概念がみつけられないこともまたはっきりしている。主要な問題は明らかに名称にあるのではなく、その名称の社会一般に認知されている含意にこそある。

名称それ自体よりもより重要であるのは、用語とのコミュニケーション的付き合い方である。本来的に、ある固有の概念は次の場合常に問われる。すなわち、何かが他のものから区別されるべきとき、たとえば一定の人間グループのために一定の説明がなされる場合に、あるいは法的規定を介して一定の補助や特別な支援が定式化され、そして用意されるべき場合に問われるのである。その必要性はなかんずく法的領域と学問的領域に関係している。ここでは依然として「知的障害」という用語が使用されている。学校領域にとっては、1994年の「ドイツ連邦共和国の諸学校における特殊教育の促進に関する」常設文部相会議の提案によって、確かに欠陥に定位されない概念が、すなわち「促進すべき主眼点＝知的障害」が導入された。しかし、同時に専門用語（Fachterminus）「知的障害」もまた、より詳細な分類のために、維持することを放棄することはなかった。必要な制度、たとえば学校の組織のために専門的表現は放棄できない。ラテン語に由来する言葉〝terminus〟（technicus）は境界設定を、それゆえ一定の内容の他からの限定を意味している。しかし一般的な、専門的ではない対話の場合、事情が異なる。学校内のコミュニケーション、たとえば両親とのコミュニケーションあるいはメディアにおける場合である。ここでは相対的に厳格な事項用語を使用することは必ず過剰であるだけでなく、それを避けることが重要であり、そしてその回避は提唱に値する。

「知的障害」という専門的表現は、ある複合的概念を代表している。それは、さまざまな次元と見方を包含としている。それは脳髄の心理的・身体的な傷に関係するだけでなく、全発達過程とその環境的諸条件に関係している。生物学的・器官的損傷は「知的障害」の発生のきっかけでしかない。たとえば遺伝的突然変異あるいは感染症のような出生前に原因のある臨床的症候群ないし脳髄の傷害がありえるし、たとえば早産あるいは出産時外傷のような出産時に原因のあるものがありえるし、たとえば炎症性の病気、脳髄の腫瘍あるいはその他の脳髄の外傷のような出産後に原因のあるものがありえる。その後の発達は脳髄の傷の重大さ次第だが、個人的・社会的な発達の諸条件にも依存している。

遺伝的・器官的な傷の影響は何よりも知的水準に、そしてそれとの結合のなかで知覚および認知に、そして言語および運動・社会能力に関係している。常に器官のいくつかの機能にかかわっているゆえに、概して重複障害について語りうる。分類ということでいえば、軽度の知的障害と重度の知的障害が区別される。さらに心理的・身体的損傷もまた存在している。たとえば自閉症あるいは大脳の損傷に起因する身体障害のような場合もある。

しかし、知的障害はその生物学的ないし遺伝的な病気と同一視されえない。その個人的な症状は本質的に社会化に、何よりも教育促進や社会参画に依存している。

第3節　初めての検食（4月14日）

4月14日　いつも11時20分頃から日常生活訓練室で検食します。ようするにお毒味です。検食のためには、すべてを食べる必要はありません。3分の1程度食べ、残りは（40分頃から配膳等をおこない）11時50分頃に食べ始める小学部の子どもたちと一緒に食べます。食べながら、わたしは子どもの様子、教員の子どもへの支援をみます。そして、みることで学びます。

食事の仕方ひとつとっても個人差が大きいです。２００８年度さくら学級の崇士くんや拓己くんには、偏食傾向があります。特に野菜を嫌います。教員が野菜を食べるよう支援しますが、強固に拒絶します。逆に祐二くんはどんどん食べます。かれは肥満になりやすい体質であると考えられており、食べる量を控えさせようとしても、すべてを食べようとします。ときには、体の小さな祐二くんにとってはすでに満腹のはずなのに（わたしがそう思うだけでなく、明らかに苦しそうな様子をみせることがある）、完食するまで食べ続けます。両極端ですが、ただしその強固な意志の示し方は同じです。そこにポジティブなものをみてよいのではと思いました。とはいえ、先生方の粘りに頭が下がります。

教員が特に苦労するのは、偏食の強い子どもへの支援です。4月当初、さくら学級副担任の波田章博教諭は野菜を食べない拓己くんに、米粒ほどの大きさに細かく切った野菜のかけらをスプーンにのせて、食べるように説得しました。拓己くんは食べようとしません。しかし半年後の10月中旬には、その同じ拓己くんが野菜をフォークにとって自分で口に運び、食べるようになっていました。波田教諭の支援の成果です。その間、波田教諭が工夫に工夫を重ねた支援を、附養ではいつしか「魔法の支援」と呼ぶようになっています。

「魔法の支援」はもちろん魔法ではありません。そのような支援を成立させたのは波田教諭の信念、理解、そして深い愛情です。

波田教諭には、ひとつでも食べることができるものが増えることが拓己くんの生活を豊かにするという信念があります。さらに波田教諭は、拓己くんへのかかわりと観察を通じて拓己くんの特性をしっかり理解していたのです。とはいえ、4月、5月の時点では、拓己くんは波田教諭の支援を強く拒絶することがありました。と

きには泣き、暴れることも。そんなとき、波田教諭は部屋の隅で拓己くんをしっかりと抱きしめて落ち着かせていました。「大好きだよ」という深い愛情が拓己くんにも伝わったはずです。波田教諭に信念、理解、深い愛情があったからこそ、「魔法」とさえ思えるような支援が成果を達成したのです。

ここで忘れてはいけないことがあります。それは小学部主事の小澤慎一教諭とさくら学級担任の縦山真司教諭が、新任の波田教諭を信頼して拓己くんへの支援を任せているということです。波田教諭が心おきなく拓己くんにかかわることができるように、他の子どもたち（たとえば崇士くんは拓己くんと同じかそれ以上に偏食の強い子どもです）の支援を引き受けているのです。教育は個人プレーではよい成果を得ることができません。個人プレーがチームプレーのなかに調和的に位置づけられているときにこそ、よき成果が達成できるのでしょう。

食事の最中、職員と会話をすることがあります。もちろんわたし自身を含めて、すべての教職員の目は子どもの方に向いていますので、シリアスな話、あるいは長話をすることはできません。それでも貴重な情報を得ることもあります。初めての検食のときに、当時の研究主任、伊藤孝明教諭から聞いた次の話は、3年間の校長在職中ずっと頭の片隅にあったような気がします。附養は地域の人々に支えられているのです。

「付近のバス停で中年の女性から、養護学校のある児童について『最近みかけないが…』という心配の声をいただきました。それにたいしてわたしは、春休みおよび保護者との登校期間が続いていたのでみかけるチャンスがなかっただけで、心配はありませんと伝えました。すると、その女性は児童のために用意したとの言葉を添えて、お守りをくださいました」。

ドイツ教育学研究から⑤

自閉症（Autismus）とダウン症（Down-Syndrom）

(1) 自閉症

こだわり、ひきこもり、あるいは退行によって自己の内面世界に行ってしまう「自閉症」という概念は、重大な発達上の障害を特徴づけている。それはすでに満3歳以前に症状が表れ、そして知覚上の、人間関係上の、そしてコミュニケーション上のさまざまな障害をもたらす。

最初の記述者とみなされているのは、児童精神医カナー（アメリカ）と小児医アスペルガー（オーストリア）である。かれらは（ほぼ同じ時期に、すなわちカナーは1943年に、アスペルガーは1944年にお互いを知ることなく）「自閉的」という概念を使用すべき子どもや青年における発達上の2つの障害像を記述した。その表現を、統合失調症の人々が内面世界に行ってしまうことを特徴づけるために1911年に初めて用いたのは精神科医ブロイラーである。カナー症候群とアスペルガー症候群（最初の記述者にちなんでそう呼ばれている）とならんで、文献のなかではさらに別の名称もみいだされる。たとえば幼児自閉症、自閉的障害、自閉的症候群、高機能自閉症、不定型的自閉症、部分自閉症というようなものである。

ここでは自閉症スペクトラム（ＡＳＤ＝Autistic Spectrum Disorders：自閉症スペクトラム障害）に分類される障害のさまざまな現象形態が問題になる。自閉症連続体の仮説は、今日たいていの学者によって支持され、そしてそれらの状態像の間の厳格なカテゴリー的区別は科学的に証明することができないということを示唆している。というのは、症状における違いは質的なものというよりも量的なものだからである。

「自閉的傾向を有する知的障害」という周知の言い方は、知的障害をもった人々の大部分が、障害のない人にもみられうるいくつかの自閉的傾向を示すという状況を示している。しかし相違診断学的には、自閉的症候群は明らかに自閉的傾向を有する知的障害から区別される。診断上の不確かさは、知的障害者の場合に年齢が高まることで症状の現象全体がもはや示されえないとき、明らかになる。

精神医学的分類体系ＤＳＭ－Ⅳ（アメリカ精神医学会による精神疾病の分類）とＩＣＤ－10（世界保健機構による国際疾病分類の最新版）において反映されている国際的合意に相応に、自閉症は今日もはや精神病とはされていない。自閉症は重複障害であるとされている。

しかし自閉症は、きわめてさまざまな度合いで表れうるだけではない。それは他の障害とのコンビネーションのなかでも表れる可能性がある。自閉症である人のかなりまとまった数の人は、同時に知的に遅れており（およそ60％）、20％は学習障害であり、その他は平均的才能の持ち主、あるいはまた平均以上の才能の持ち主（3％）である。

他方、症状の控え目な現象形態にあっては、自閉症の人々でも高等教育に進み、資格を取り、かなりの程度の自立を達成することができる。

自閉的症候群に関する進行中の研究は、目下広くおこなわれている診断上の手がかりによれば、1万人のうち約62・6人までがＡＳＤであると言えるということを教えている。それにたいして伝統的な評価によれば、カナー自閉症の頻度は1万人につき16・8人、アスペルガー症候群は1万人につき8・4人である。男性が多数で、その割合はカナー症候群では3対1の割合、アスペルガー症候群では9対1の割合である。

症候群とされるのは、一連の（60にも及ぶ）個別メルクマールが障害像を特徴づけているからである。それらのメルクマールはもちろんすべて同時に表れるとは限らない。

知的障害にかかわっては、カナー症候群ないし乳幼児自閉症が重要である。最初の徴候は生後18カ月までに観察することができる。すなわち、子どもは腕に抱かれるとき、さからい、時に明確な理由もないのに長い時間にわたって叫び、親しい人が近づいても、可愛い笑顔を見せず、一瞬しか視線を合わさないか、あるいは視線を合わすことを積極的に拒絶する。そしてそのような子どもは、年齢に相応しいオモチャあるいは周囲に興味を示さず、大人の明瞭なしぐさにも注目せず、そして模倣しない。さらにそのような子どもは、日常の騒音に聞こえないかのように反応し、呼びかけにほとんど反応せず、誰かがかかわりたいと思っても抵抗する。そして1人で、しばしば反復的な動きに、あるいは常に同じ対象にステレオタイプにかかわることができるとき、とても幸せを感じるかのような印象を喚起する。言語発達は単調な発音のなかで衰えていく。睡眠障害や偏食は稀ではない。

カナー症候群とアスペルガー症候群のもっとも本質的な相違は、アスペルガー症候群の人にあっては、一般的発達遅滞はみられず、早期の言語発達が、しばしば個別化された、時には巧みな言語表現もまた伴って観察されうるということである。アスペルガー症候群のたいていの人は、少なくとも平均的な知性を有し、体を動かすことについての不器用さが目立つ。

自閉的障害の「完全像」は満5～8歳の間に明確になってくる。国際的な分類システム（ICD－10とDSM－Ⅳ）によれば、障害と認定される根拠は次の中心的症状である。

① 人間関係の質的侵害
② コミュニケーションや想像力の著しい侵害
③ 活動や興味の明確に限定されたレパートリー（変更に際してのパニックや不安をともなう環境の同一性保持への強いこだわり）、多様なステレオタイプな行動様式、そしてステレオタイプな行動パターンの発達

「自閉症」という診断は、上の3つの領域のそれぞれにおいて同時にいくつかの該当する症状が目立つことが観察されるときにくだされる。相応の症状リストはいくつかの出版物においてもみられる。

自閉症は、「生物学的に決定された行動障害」であるとみなされている。両親の誤った行動による、あるいは環境要因による心理発生的原因の仮説は科学的に根拠がないことが証明されている。

遺伝的な素因については、国際的な家族調査研究と双子調査研究が肯定している。というのは、一卵性双生児の場合、82％ないし91％の一致率が示されている。多遺伝子的原因（4〜6個の遺伝子が関与していると推定されている）とならんで、脳の傷害や脳機能傷害が中心的役割をはたしている。それらの傷害がどのように成立するのかについてはいくつかの有力な見解が存在している。同じく一連の神経生理学的・生化学的特質もまた原因であることは証明されている。しかし、それらの特質がどのように成立するのかは、詳細には明らかになっていない。さらに妊娠期間や出産時における不都合な、通常ではありえない影響（たとえばウイルス感染、酸素不足）が脳を傷つけ、そして自閉症の発症を促しうる。

このように、多様な要因が自閉症を引き起こす。常に自閉症的障害は、知覚およびその受容の混乱のなかで現れる。すなわち、無傷の感覚器官を有する自閉症の人は確かに周囲から数多くの刺激を受けとるが、しかし適切に受容することはできない。感覚刺激はそれゆえ、理解可能な意味の担い手とならず、そして当事者に、適切に自己の行動を組織し、そして外界および日常のさまざまな要求に対応する上での確信を与えることはない。そのような知覚受容における混乱、他者の思考や感情に適切に身を置く能力の欠如、「選択的注意」（いろいろな音が一度に入ってくる）ができないことの諸問題、さまざまな情報をそれぞれの意義にしたがって整理する能力の欠如のせいで、その人たちは仲間の行動をしばしば理解できず、そして自分自身を周囲に理解させることもかなり難しいのである。

自閉症の原因をひとつに特定することはできておらず、そして関与しているであろうさまざまな要因の協働について解明されていないので、今のところ完全な治癒を約束できるテラピーは存在していない。したがって、いかなる支援も求めずに完全に自立的に生活することは、例外的にのみ可能である。かなり代償作用に長けた人であっても、コミュニケーションや自立性や社会性におけるさまざまな独特な行為は保持され続ける。

遺伝的要因という事実にもかかわらず、諦める必要はない。一連のテラピー的干渉は、自閉症の人々をその発達において非常に効果的に支援することができ、そして症状を明確に軽減させることができることを証明している。

すなわち、現代の複雑な社会において自閉症者がさまざまな生活上の困難と適切に折り合いをつけ、そして自分に合ったポジションをえるチャンスは明らかに増えている。

現在では、30種以上の支援コンセプトやテラピー的措置が存在している。それらのうち、たとえば次に列挙したいくつかは特に効果があることが明らかとされている。

①　行動テラピー
②　ＴＥＡＣＨとよばれるＥ・ショップラーによって作成された支援コンセプト
③　注意・相互行為テラピー
④　知覚的統合テラピー
⑤　個別的関係テラピー
⑥　労働テラピー
⑦　音楽テラピー
⑧　言葉の支援および言葉の代替のための措置
⑨　身体的措置
⑩　薬物によるテラピー

自閉症的障害の特徴は非常に多様であるので、それぞれへの対応は必然的に個別ケース、その都度の発達レベル、個々の支援要求への考慮を求める。

いずれにせよ成果を確実にするためには、多次元的な構想、つまり複合的なテラピーが必要である。ある治療計画の実施に際して、保護者、テラピストおよびその他の専門家の緊密な協力が必須である。

(2) ダウン症、トリゾミー21

イギリス人のジョン・ラングダン・ハイドン・ダウンが、1866年に初めてダウン症の古典的な特徴について叙述した。「ダウン症」は後に、医学的に定位された概念「トリゾミー21」によって置きかえられた。しかし「ダウン症」という表現は、今なお頻繁に使用されている。1909年にはシャトルワースが、高齢出産時にダウン症の子どもが誕生する場合の頻度がより高いということを発見した。1959年にはフランスのパリでジェローム・レジューンをはじめとする3名の学者が、ダウン症では染色体異常がみられることを証明した。染色体の21番が通常の2本組ではなく3本組になっている。そこから「トリゾミー21」という医学的概念が誕生した。ポラニは1960年に転移形態を発見し、さらに1年後クラークがダウン症のモザイク形態を発見した。

ダウン症は、知的障害を引き起こすもっとも発生頻度の高い染色体異型である。その頻度は平均650分の1であるが、母親の加齢によって高くなる。そして出産時の母親の年齢により、その頻度はほぼ決まっている。世界中どこでも、どの人種であろうと、どの民族であろうと、どの社会階層に属していようと、ダウン症の人は存在する。

発生に際して、ダウン症の3つの異なる形態が存在している。ダウン症の人の95％はいわゆる明白なトリゾミー21をもっている。すなわち過剰の染色体21番を明白に細胞分裂像のなかにみることができる。その形態が発生するのは、両親の一方において染色体の1対が分離しないときである。したがって23でなく、24の染色体が生殖細胞のなかにみいだされる。その場合の90〜95％は女性の卵子に関係しており、５％は男性の精子細胞に関係している。その結果、受精卵において47（23＋24）の染色体が存在することとなり、染色体21番が３本組となる。

いわゆる転座型トリゾミー21の場合、追加の遺伝子物質は明白なトリゾミー21の形態では存在せず、別の染色体と結合している。この場合、それゆえあらゆる細胞において46の染色体がみいだされる。というのは、21番の第３の染色体が、13番あるいは14番あるいは15番あるいは22番の染色体に付着しているからである。ダウン症の子どものおおよそ３〜４％がその形態のトリゾミー21をもっている。モザイク-トリゾミーもまた細胞分裂の不足によって生じるが、しかしおおよそ１〜２％と稀である。この場合、染色体の不分離はすでに両親の片方の生殖細胞においてみいだされるわけでなく、ようやく最初の細胞分裂後に起こる。したがって45の染色体をもつ細胞と、46の染色体をもつ細胞と47の染色体をもつ細胞が存在することになる。ただし45の染色体をもつ細胞は、生命能力がないゆえに、死滅する。それゆえモザイク-トリゾミーをもつ人間の場合、46の染色体をもつ細胞と47の染色体をもつ細胞が混在している。

ダウン症の人間は、容貌、発達経過、健康および寿命においても、一人ひとり違っている。しかし一般的には、次のように言うことはできる。すなわちダウン症者は比較的小柄で、しばしば内側のまなじりの上に三日月型の皺、いわゆるエピカントゥスが見られる。同じく多くは細く斜めにつり上がった眼裂をもっている。その手はたいてい幅広く、そして指は短い。足はずんぐりした印象を与えることが多く、そしてしばしば足の第1指と第2指の間はかなり幅広である。

ダウン症の多くの人にみられる筋緊張低下症（Muskelhypotonie：筋肉に力がはいりにくい）は、その度合いはさまざまであったがすべての筋肉組織に関係している。筋緊張低下症は運動性や可動性に影響するが、しかし早期促進によって肯定的に影響を与えることができる。その他の原因で知的障害である人よりも、ダウン症の人の場合には、より頻繁に次のような健康上の問題が生じる。すなわち、目や耳の病気、先天性の心臓病、甲状腺機能低下症、出血性白血病、B型肝炎、気管支炎、睡眠時無呼吸症、十二指腸閉塞、そしてアルツハイマー認知症というような。より改善された健康への世話によって、ダウン症の人々の、誕生時からの平均寿命は最近60年間に、9歳からおよそ60歳まで高まった。

ダウン症の子どもの知的発達は、3歳までは健常の子どものおよそ半分の速さで進行する。その際、個人差はかなり大きいが。3歳以降、そのテンポは健常の子どものおよそ3分の1にまで遅くなる。言葉の発達は障害のない子どもよりもはるかに緩慢に経過する。その理由はいくつか考えられる。一方では聴き取りにくいという問題がありうる。他方ではダウン症の子どもは短期的な聴覚記憶しか有しない。すなわち聴いたことは、見たことや読んだことほど長くは保持されないのである。視覚的記憶は聴覚的記憶よりもよりよく形成される。それゆえ文章や文法は、それらがただ聴かれるだけのときには真似されにくい。話すために口や舌などを動かす際の困難が第3の理由である。話すために口や舌などを適切に動かす能力はゆっくりと発達するので、ダウン症の子どもたちにとってさしあたり、言葉を明瞭に発音することが困難である。言葉の理解と表情豊かな言葉の間には大きな差違がある。

運動の領域では、ダウン症の子どもたちの発達は生後3歳まで、知的発達に比べてもかなりゆっくりである。3歳以降になると運動はきまって知的発達に追いつく。発達遅滞は機能の制約、そして健康上問題となる症状の頻繁な出現によっても引き起こされる。

第4節　職員室にて（4月25日）

4月25日　附養の職員室に常駐する教員は研究主任、教務主任（現在は主幹教諭）および教頭です。校長と副校長はそれぞれの部屋をもっています。もっとも校長と副校長もまた職員室にも机を有しており、ときに職員室で過ごすこともあります。

職員室で書類をみていたときのことです。高等部の2人の生徒が担任の加藤鋭之教諭とともに、校内の農園で育てたワケギを販売するため職員室にやって来ました。ひと束50円です。「運よく」財布には50円玉が入っていましたので、わたしは迷わず50円玉を渡しました。しかし、わたしの隣にいた近藤文彦教頭は10円玉・5円玉・1円玉を机の上に並べて、そこから生徒に50円を選ばせたのです。「なるほど、こういうことが特別支援なのだな」と、わたしは思いました。そして「自分の財布のなかに50円硬貨が入っていない方がよかった、せめて100円玉を手渡してお釣りをもらうことができたなら、生徒にとってよい学習機会となったのに…」とちょっぴり悔やみました。日常生活のなかに学びの機会を提供するという心構えの大切さを知りました。

学習（Lernen）　ドイツ教育学研究から⑥

人間の学習は（人間の生活のあらゆる領域において実際的に重要である）確かに心理学の古典的テーマであるのだが、しかしその他の学科（たとえば学校教育学、成人教育、特殊教育学、社会学、神経生理学、テラピー等）においてもまた集中的研究の対象である。

日常用語としては、学習はたいてい学校に関係づけて考察される。通常、子どもたちは学校で学習しなければならないと考えられる。そして自分が児童や生徒であった時代の外国語、数学の証明、詩歌等のしばしば骨の折れる学びが、ときには（幸運にも）楽しい学びが想起される。ただし心理学的な学習概念は本質的により広い意味内容を有している。人間の生活経験や業績、社会的コンピテンス、一般的な才能および特殊な才能、立場や価値態度、さらに格別に秀でた習熟、基本的生活欲求充足のための単純な習慣と行為は、学習過程なしに考えられない。学習はすでに母胎のなかで始まり、そして生涯を通じてなされるものである。人間の発達を「人間の学習過程の総計」とよぶことも可能である。学習という多様な事象の共通性は、学習によって、行動の変化や潜在的に新しい行動様式へと導く個人的諸経験が獲得されるという点にある。学習によって構築される行動潜在力は比較的長続きする変化をもたらす。その変化を観察者が仮説的に推理できるのは、学習者が学習成果（内的記憶構造の変化）を実際に実現しているときである。それゆえ心理学者は学習成果と学習遂行力（あるいは「パフォーマンス」）を区別する。後者は多数の内的条件（たとえば動機づけ）と外的条件に依存している。

同じ心理学でも、その潮流によって人間の学習に関する理解の仕方は異なっている。観察可能な行動変化と客観化可能な外的刺激への焦点化を特徴とする行動主義的学習理論は、認知心理学的な理論とは違っている。後者は学習の内的情報受容過程に方向づけられている。その際、2つの時間的に互いに連続する説明モデルが区別される。最初のモデルの内において、学習はコンピューターの機能様式に類似して、情報受容過程として説明される。このイメージはしばらく生き残り、そして知識構成としての学習のメタファーによっておきかえられる。ただし認知心理学者は学習を知識の習得に関係づけるだけでない。情報受容のあらゆる構成要素に、すなわち行動確信の漸次的構築ならびに不安、興味、さまざまな成功の発達、計画的な行為や問題解決への能力獲得、社会的・道徳的コンピテンスの獲得、さまざまな習慣の発達、およびさまざまな運動習熟の洗練に関係づけている。

学習という事象の違いに系統的に接近するために、いくつかの種類の学習を並置して検討する必要がある。たとえば互いに緊密に結合する4種類の学習が指摘できよう。

① さまざまな運動経過が習われているとき、感覚運動的学習がなされている。その際、ある道具を意識して掴むこと、書き方を習うことから、成人の職業生活のなかで活きるさまざまな習熟の習得までの運動経過が考えられている。そこでは五感が関与するが、それらは互いに、かつ運動経過と融合しており、意識的に組み合わせられるべきである。

② 世界のある部分について、そして自分自身について知識が得られる学習は認知的学習と分類される。それは学習方略や思考方略の発達、認知的能力の形成、そして自己の学習に関する意識と反省へと導く。認知学習は、学習の場からのさまざまな情報が、すでに記憶のなかで蓄えられ、かつ言語的に媒介される情報へと加工されるときに、生じている。その複合的な経過の最後に、学習者は世界に関する個人的なイメージを構成し、概念と理論を習得し、さまざまな客体や現象を、自身のその都度の発達水準においてではあるが、推理し、判断し、そして評価する。

③ 社会的学習の過程において、人間は他の人々および社会空間におけるその人たちの行動に関する判断、先入観および価値化を、自分自身や仲間にたいする立場を、道徳的な価値や規範な

らびに社会的問題状況や葛藤の克服のための方略を発展させる。社会的学習は人間関係を介してなされる。理論的な文脈に応じて、学習者の社会的諸事象との意識的、能動的対決、さまざまなモデルの模倣、言語的あるいは直観的教示（説明、扇動、広告等）、あるいはまた発達パートナーによる社会的に願わしい行動の強化が、社会的学習の過程において特に重要であると考えられている。

④　感情的・情緒的学習は感情、欲求および動機の諸領域にかかわっている。それらの心理的資質もまた現実の重要な学習過程の成果であると考えられるべきである。そして、たとえば学校システムにおける学力要求との関連のなかで阻害的ないし促進的に作用する。

学習は全体的過程である。実際の学習事象においては、常にあらゆる種類の学習（伝統的教育用語でいえば「心も頭も手も」）が関与している。たとえそれらの複合性や相互作用がさまざまであるとしても。学習は、とりわけ生態系理論において強調されているように、常に社会的関係領域のなかでおこなわれ、直接的にせよ、間接的にせよ、ある共同体（家庭、学級、仲良しグループ）の相互行為的・コミュニケーション的関連のなかに組み込まれ、そしてそれによって影響される。（社会）教育的視点において、学習する子どもたちの主体性を注意の中心におき、そしてその主体性を教授学的考察の出発点とする学習のさまざまな側面が強調されるべきである。子どもも、青年も常に、基本的にその内的構造（個人的に以前からもっている知識、思考方略や理解方略、学習志向、目下の欲求）に従って能動的に活動する人であると理解されるべきである。上で紹介した近代的認知心理学の研究の仮説（＝「学習者は世界に関する個人的なイメージを構成する」）の意味において、学習は（もちろん知的障害者の学習もまた）、具体的な生活文脈の社会的相互行為のなかに組み入れられた子どもの構成的活動であると把握するべきである。すなわち学習は、構造的連結を介した子どもと環境の間の対決であると理解されるべきである。教える人と学ぶ人はそれぞれ固有の構造とその主観的理論をもちながら、ある漂流ゾーンのなかで出あい、そして学習過程のためのある精力ゾーンを構築するのである。その視点からは、学校の課題は変化する。教師の主要活動は、相応の学習環境を構成し、学習過程を鼓舞し、支援し、能動化し、そして寄り添うことに拡張される。そのような位置づけは、特に系統的・構成主義的思考構想のなかで明確に擁護されている。そのような位置づけは改革教育学運動（新教育運動）のなかで伝統となり、相応の考え方は認知心理学、精神分析的教育学、人文主義心理学および文化史学派の文脈のなかにもみられる。この関連で重要であるのは、「適切な」学習環境を用意し、そして学習過程を調節する教師活動は、十把一絡げに管理的教え込みと過度に厳格に対立させられていないということである。教師の仕事を必要とするのは、むしろ創造的・自主的な子どもの学習活動と、文化的な知識の総計や慣習の管理された継承の間のよきバランスの樹立である。

数学、算数（Mathematik, Rechnen）

人間が数学的思考を手に入れたのは進化の結果であった。数学の歴史的起源は、古代における日常的な生活成就の諸問題との対決にあった。ユークリッド（紀元前300年頃）やピタゴラス（紀元前6世紀）の認識によって、数学は系統的構造を有する学問として定式化された。とりわけ19世紀と20世紀の数学的認識は、学校という文脈において数学の段階分けをもたらした。高等教育の数学は初等学校段階における算数から区別された。

1960年代における知的障害者教育学の、時代を同じくする新たな定式化とともに、算数の概念が知的障害者のための学校において使用された。その結果、その学習領域における初歩的要求が明らかになった。今日の視点からは、その概念は特別支援教育学の関心事に十分には相応していない。というのは、一般的言語要求にしたがえば、算数は殊に算術の領域と同一視され、そしてそれによって数学のその他の領域は軽視されているからである。その他の領域もまた、数学的思考の発達にとって意義深いにもかかわらずである。

数学の対象は、さまざまな命題にもとづく公理であり、公理は概念操作を求める。概念は思考操作の成果において成立し、そして論理的部類および分類規則とよばれうる。学問としての数学は、ピアジェによって特徴づけられた思考の発達段階と緊密に結合される諸概念を系統的構造のなかで使用する。それによれば、人間はすでに感覚運動的段階において空間的表象と客体恒常性を発展させる。概念の取り扱いが可能であるゆえに、数学教育はすでに相当に重度な障害児のための教育的工夫のなかでもおこなわれる。そのような工夫には、部屋における方向指示、さまざまな対象の触覚的・視覚的気づき、立体物の変化の経験が属している。人間の発達にかかわって考察すると、それらの基礎は量の形成、整理および変化のような前数字的計算の前提である。知的障害児による学習に関するある研究は、知的障害児の整理の仕方について論じている。それによれば上位概念や命題の等価性を扱う以前に、客体の物理的類似性や機能的特性にしたがって整理されるとのことである。基本的な整理基準は、それらが個人的にわかるかぎりで、色、形、大きさについての、材料ならびにそれらのコンビネーションについての客体の指標から生じる。客体の構造理解および不変数を理解する力は数学的概念形成の基礎をなしている。上位概念（〜科、果物、食器等）の使用は一般化する思考の諸段階を明示している。その過程が成功すると、対象を指さして数えることから、諸要素の同時的把握に至るまでのさまざまな計算技術を介して、分類規則としての自然数が形成される。ピアジェによれば数概念の獲得は一般的認知の発達の一部であり、さまざまな対象の配列と分類の経験からおこなわれる。

専門文献のなかでは、数の使用は状況にかかわって支払額を述べ、順番を決め、大きさを表示し、ある行為の多様性を示し、そしてまた事物の名前を挙げ、そして区別することを助けることができると、指摘されている。数学の構造にしたがって、基本的計算操作は慣習的な尺度単位の編入のもとで開拓されうる。しかしその計算能力は多数の部分過程を、つまり情報受容、情報消化、情報貯蔵および情報再生という複合的諸能力を必要としている。数学的コンピテンスはすでに初期発達段階以降において、不意に（偶然に）発達することもある。したがって数に関するコンピテンスはもっぱら発達の結果であるとみなされるというピアジェの想定は否定されるが、しかしそのコンピテンスを不意に獲得することはない知的障害児（たとえばダウン症の子ども）に関する研究もまた考慮されるべきである。知的障害は情報消化の加速、作業記憶の実行、重要でない刺激の選択、方略の発見、計算習熟の獲得におけるメンタルな過程の制御と統制を困難にする。数学的思考は脳髄の一定の個所に位置づけられるのでなく、多層的な神経回路の結合にもとづいている。脳の全体が数学的思考を実行する。脳はそのようにして、個人のために抽象的な世界を切り開くさまざまな表象を発達させることができる。そのような最近の認知心理学的・神経論的視点からの認識は、全体性原理にもとづく数学的知識の習得への要求に説得力を与えている。数学的知識習得過程のなかで、さまざまな数学的事態に対処することの個人的な意義が有する重みもまた指摘されるべきである。

民俗学的方法論の視点からの日常数学研究は、学習の社会構成主義的構想の意義を強調している。それによれば、社会的関係グループによる活動に関係した意味付与が自身の数学的思考と行為を安定させる。さまざまな社会的条件が不安定にしうることもある。数の操作における社会的に制約された標準的期待は、それは、特に子どもたちの場合には「ドリル的訓練」へと導くのだが、回避されるべきである。とはいえ、生活実践的関連における量の表象がない数の操作（たとえば電話、バスや鉄道の路線の認識、住所や部屋番号）は促進されるべきである。ここでは主としてキーワードとしての「読みとる」のさまざま形が問題となる。それらは確かに生活世界における数の意義に関する認識を支援することができるが、しかしほとんど数学的過程として分類されることはない。数学的知識の習得の特別な困難は、とりわけ数学的言明は、学問学科の中心概念として、ただ真／正ないし偽／誤でしかありえず、そしてそれによって学習内容の習得における主観的解釈の余地をまったく許さないという点にある。その過程の成就過程の構成要素が有する個人的刻印は、数学的学習の必然的な個人的視点を推理させる。個人的発達における異質性はここでは数学的事態への個人ごとに根拠づけられる接近を求める。そのように、さまざまな数学的事態による特別な教育学的促進は次の3つの目標を追求する。すなわち第1に探究的な環境との出会いのなかで自分自身を体験すること、第2に社会的環境と対象的環境への関与のための方向づけと支援を与えること、第3にとりわけ、認知（さまざまな生活関連から規則性、近似、関係、概括可能性等の発見）およびコミュニケーション（発語的あるいはボディーランゲージ的言葉）をさまざまな数学的事態によって促進すること。

学習障害教育学と知的障害教育学の緊密な関係からみて、数学教育のための「能動的・発見的学習と生産的な練習」を主題とする最新の方向づけもまた、学習障害教育学のなかで注目されている。

知的障害者の特別な教育学的促進の目標や意図は総じて、数学をさまざまな生活実践的課題成就のための個人的に適用可能な体系として発展させることに向けられている。そのために、自己活動的過程としての学習を効果的に可能とする諸条件が生み出されるべきである。数学という専門科学から、そして知的障害者の特別な条件にもとづいて明らかとなる教育的命題から、数学教育において、年代順にその教科に定位された学習活動、そして同時に構造化されかつ全体的な学習活動が帰結する。発達関係性および行動関係性の教授学的モデルにしたがって、教科の系統性から離れて、新たな学びを誘発するような内容が学習対象となる。しかし行動定位の原理は専門科学のなかでは問題定位、能動的学習および内化の諸原理との関連のなかでしか意味あるものではないとみなされている。数学的コンピテンスの促進は、日常行動におけるエピソード問題から出発しつつ、さまざまな解決方略を示すかないし提起し、それらの反省をおこない、そしてより以上に自主的な適用を可能とする状況を用意することを意味している。知的障害者における数学的コンピテンスの拡大は学童期を超越して可能である。つまり経験的な所見が存在するのである。それによれば認知的能力の頂点は3歳であり、そして社会的コンピテンスの頂点はむしろそれ以上の年齢にあるということである。この観点は成人期における数学的コンピテンスの増大を説明することができる。

第5節　附養での1学期モンタージュ（4～7月）

4月29日 岡崎地区附属学校の新旧教職員の集まりである「同和会」の総会に参加。転入者を代表しての挨拶では、「諸先輩方のお導きを得て附属校より一般校に戻る際に、正々堂々胸を張って『自分はまだまだ未熟だ』と言えるように日々精進いたします」と発言しました。ここでもまた何か変わったことを言わないと気が済まない性格が発揮されてはいます。しかしその言葉は、ソクラテスの「自分が無知であると思う」という思想に共鳴している自分自身の信念でもありました。

5月1日 午前10時より「ふようタイム」（総合学習的な活動だが、いつものクラスを解体して小学部・中学部・高等部を超越した縦割りで班編成。合計で12の班が誕生。したがってひとつの班は5名程度で、班ごとに2名の教員が支援）を見学。わたしが付き添った班は野菜栽培の活動を行っていました。その様子から、心なしか下級生を前にした上級生が、常日頃よりもしっかりしている感じがしました。

5月3日 休日でしたが、附属高等学校の女生徒が絞殺されたとのニュースに驚きました。副校長と教頭に保護者への注意喚起について検討していただくよう依頼。翌日午後、大学に出向き、附属学校課長から対応を聞きました。さらに附属学校部長の部屋を訪問、部長は沈痛なご様子。その後、教頭より、部主事を通じてすべての保護者に連絡することにしたというメールを受理（そして午後9時過ぎには完了したという報告があり）。

5月10日　卒業生を囲む会で挨拶。参加してくれた多数の卒業生に「あなたにとって附養とは何ですか」と尋ねますと、1人の卒業生が「附養は愛」と言ってくれました。確かにその通りです。附養の同窓会は年に3回（春、夏、冬）おこなわれます（それ以外に運動会と学芸会にも卒業生は多数出席します）。冬の同窓会には、成人する卒業生は晴れ着で参加し、同窓会の後、お祝いの会をおこないます。「附養は愛」であるからこそ、毎回多数の参加者があるのだと思います。

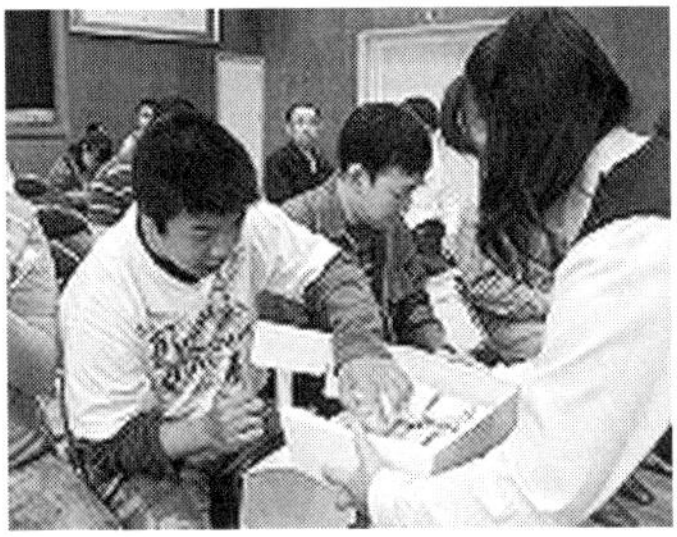

5月15日　午前中、高等部の作業学習をみる。大正時代の面影を残す歴史的に貴重な建築物でもある旧体育館を工場にみたて、「工場労働者」として生徒たちは分業によって真剣に花火の包装に取り組んでいました（ちなみに高等部主事が工場長、担任と副担任は班長）。作業学習は、後の現場実習（それは就職試験を兼ねる）の準備でもあり、あくまでもキャリア支援の一環です。生徒たちは作業学習の期間は教室に行かず、いつもの制服や体操服姿ではなく、お揃いの作業服を着ています。昼食も社員食堂風であったり、電話で仕出しを注文したりします。

　夕刻より、1週間後の講師研に向けての事前検討会。講師研とは、11月の研究協議会に向けて、附養の教職員OBのなかでも特に教育研究に長けた人（たいてい現役校長）に授業をみていただき、批評を得る重要な校内研修の場です。1学

期に小学部・中学部・高等部についてそれぞれ1回、合計3回実施されます。当然、講師はそれぞれ別の方にお願いするのです。事前検討会の最後に、次のような発言をし、発問をしました。

「もっともっと子どもが今伸びようとしている良いところをみつけましょう。何より子どもに夢中になって遊ぶチャンスを提供することが大切です。ところで、みなさんは楽しい空想と楽しい現実は、どっちがより楽しいとお思いですか」。その最後の質問には、多くの職員は目を白黒させているように思えました。

5月19日 10時より学校評議員会。「みなさんを広い意味で同じ共同体に属する者と考えますが、しかし当事者の自己評価はどうしても手前みそになりがちですので、客観的な評価をいただきたいと思います。そのことが学校の改善につながります」という意味の挨拶をおこないました。10時50分より評議員のみなさんと一緒に田中文子教諭（T1）と越智真剛教諭（T2）の体育の授業（小学部すみれ学級）をみました。教室ではなく、体育館につくられたカラフルな手づくり遊具や仕掛けをみて、先生たちのがんばりに圧倒されました。「圧倒された」という言葉は決して大げさではありません。後日、田中教諭には、「子どもを見守りつつも、先生方もまた活動に没頭していることが効果を挙げていると思います」

と簡単な書簡（参観した授業については、教育実習生のものも含めて、可能な限り下記のような書簡を作成し、手渡すようにしました。その習慣は校長時代の3年間継続しました）にて伝えました。実に授業者は演技者です。

学校評議員の杉江清先生（附養の創設時期の教員）より「せっかく授業をみていただいても先生の努力やその意味や意義について十分に発信しないといけない」との指摘を受けました。確かにその通りです。

田中文子先生　越智真剛先生

まず驚いたのはまるで劇団の舞台装置（大道具・小道具）のような仕掛けです。わたしのように附養の授業にまだ十分に慣れていない者にとっては本当に衝撃的でした。「なんと子どものためにそこまでするのか！」と思ってしまいました。

そして授業が始まってからの両先生の声と動きです。まるでテレビの幼児向け番組のお姉さんとお兄さんのようでした。全身で子どもたちをリードしていました。田中先生も越智先生も照れずに自分の演技に没頭されていたからこそ子どもたちはよく動いたのだと思います。わたしが給食の際にみている美智代さんや武志くんとは違った能動性をみることができました。先日、美智代さんの、いかにも楽しんでいるという表情を写真で再確認し、とても嬉しく思いました。

教育学や教授学の世界では「教師は演技者である」と言います。それは良い意味でその状況に応じた別の人格になりきるということだと思います。そうであればこそ子どもたちもその場での役割を果たし、お互いに影響し合うこともあるのだと思います。…

5月22日 講師研Ⅰで中学部3年生の尾崎淳一教諭（T1）、白井健教諭（T2）の充実した授業（6人の子どもたちはケーキ屋の見習いとなり、T1＝先輩シェフやT2＝日本一のケーキづくりの名人と一緒に、キッチンで附養の誕生日をお祝いするケーキをつくりました。6分割されたうちの1つである自分のケーキに、紙粘土でつくったものや型抜きしたものをのせ、最後にそれぞれのケーキをつなぎ合わせ、全員で一つの大きなケーキを完成させます）をみました。授業後には講師先生からのご指導がありました。特に印象的だったのは「授業のなかで集団として動かす」という観点への指摘でした。わたしは事後、下記の書簡を2人の先生に手渡しました。

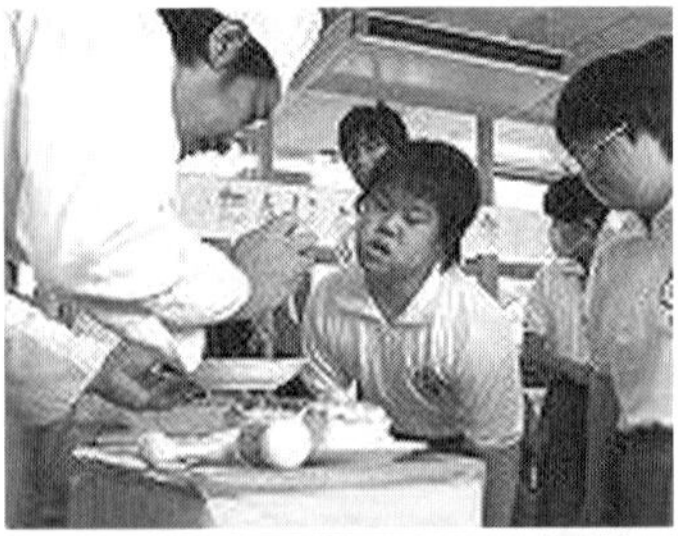

尾崎淳一先生　白井健先生

今日は中学部3年の美術科の授業をみせていただき、ありがとうございました。と申しましても、別の会議が入っておりましたので、途中からでしたが…

いつも申しておりますように、子どもたちが強制されているという感じを持たずに自発的に活動できる状態が教室内にあったように思います。

日ごろ粘土で遊ぶのが好きであるという子どもの興味関心を、附養の誕生日祝いのためのケーキ作りという動機付けによって高める手法は見事ですね。

そもそも教室の半分（？）程の大きさのケーキを用意するという発想の大胆さに驚きました。わたしならきっと通常のデコレーションケーキの大きさでしか考えられなかったでしょう。

完成したケーキをみながら、日本一のケーキ職人は何故そのケーキが素敵で、美味しいのかを具体的に話しておられました。そのセンスが附養の先生なのですね。

ヘーゲルという哲学者は『精神現象学』という著書のなかで、土や石のようなものを意識的に変える活動を繰り返すことで、人間はヒューマンな人間に育つと書いています。そのような活動によってイメージをする力が形成されるということだけではありません。粘土のような非生物に手を加える（変える＝征服する）活動によって、人間の負の欲望（例えば他の生き物をいじめたい、他の人を征服したい）を抑制できるとヘーゲルは言いたいのです。

もちろん本校の子どもたちはもともと心優しい子どもたちです。さらに優しい人として育つきっかけが今日の授業にもあったと考えております。

5月23日 第2校時に小学部あおい学級の国語の授業（八百屋さん）、第3校時に高等部3年生の美術の授業（絵本の国）をみました。どちらもダイナミックで、共通の土俵で動機づけて、個々の子どもを伸ばしているという感じです。それぞれ授業を担当した教員に次のような書簡を手渡しました。

峠　尚良先生　　村松敦雄先生

本日はあおい学級の楽しい授業をみせていただきありがとうございました。黙々と筆でダイナミックな字を書いていた久也くんと大騒ぎしながら次々と自分の課題を果たしていた守くんの2人はどうしても目を引きますが、2人だけでなく、篤史くんも対象児である隆之くんも立派に活動していました。

外からみた感じでは道明くんはやはり他の子ほどは動けないのですが、おそらく心の中では通常の状況よりも「動かなきゃ」という思いをもっていると思いました。寝転がっている状態から一人で立って動き出したときなどに、そのことを感じ取ることができました。

今日の授業の設定からして仕方ないことですが、この後の課題として次の2点をお願いしたいです（素人の考えですので、深刻に受けとめていただく必要はありません）。

① 「今の姿」と「求める姿」の間にもう少し距離をおく。
② 子ども同士の関わりの場面を設定する。

なお村松先生には昼食の際、ある子どもに噛みつかれたご様子でした。本当に申し訳ありません。にもかかわらず先生はその後も愛情豊かにその子どもに接しておられました。敬服いたします。

峠先生、リアカーの邪魔をして申し訳ありませんでした。今後注意いたします。以上簡単ではございますが、感想を書きました。

平成20年5月23日

稲垣隆佳先生　川原場仁子先生

本日は高等部3年生の美術の授業をみせていただき、ありがとうございました。本当に楽しかったです。

王様の依頼で、絵本の中に夢の国を描くという場面を設定することで、子どもたちは共通の学びの土俵の上に立つことができ、個々の子の活動が孤立しない仕掛けになっていたと思います。共通の土俵の存在自体が子どもの能動性を高めていたと思います。

稲垣先生の夢の旅人ぶり、素晴らしかったです。川原場先生の王様、堂々としていました。稲垣先生が王様、川原場先生が旅人だとどうなっていたか、想像してみましたが、やはりみせていただいたような配役が適切だったと思います。

絵を描く能力についていえば、あの子たちは健常者に負けていないです。また粘り強く描くということでいえば、健常者より上かもしれませんね。
まことに簡単な感想で申し訳ありません。

平成20年5月23日

とりわけあおい学級の先生宛書簡からわかるように、授業外でも、先生方の子どもへの支援の様子を注視するようにしていました。何より自分自身が真似ることを意識してのことです。その際、ごく稀に子どもが不満を爆発させ、殴ったり、噛んだりする場面に出会うことがありました。それにたいして先生方は総じて愛情豊かに（笑顔、優しい言葉がけ、ハグ等）対応なさっていました。

ドイツ教育学研究から⑧

攻撃行動（Aggression）

「攻撃」という概念はラテン語の単語〝aggredi〟に由来し、そしてもともとは「何かに向かっていく」、「何かを始める」、あるいはしかしまた「何かを攻める」を意味する。
現代ドイツの一般的な言葉づかいでは、「誰かあるいは何かを攻める」という否定的理解が普及している。今では、攻撃性ということで、攻撃的行動への徹底的な、相対的に持続する構えが理解されている。

そのさまざまな理解の範囲は、乱暴な身体的・言語的攻撃、ならびに意識下の諸形態、たとえば扶助しないこと、あるいはいじめにまで及ぶ。したがって従来、攻撃概念についての統一的な概念は存在しない。場合によっては、「アクセントの置き方により」概念の書き換えが可能であると考えている研究者も存在している。というのは、攻撃的行動と非攻撃的行動の間に厳密な境界線を引くことはできないからである。付け加えれば、傷つけようとすることがすでに攻撃行動とみなされうることは明らかである。かくして攻撃を「ある人が別の人を傷つけようとするか、あるいは『傷つけるぞ!』と脅す行為」であると定義している研究者もいるのである。「その行為の目標が最終的に何であるかは関係ない」。その行為においては、行為目標を他の人にのみ方向づけることで、自分への攻撃および自傷行動は除外されている。

攻撃行動と破壊行動が区別されることもある。その場合、破壊はさまざまな物を壊すことである。攻撃は身体あるいは言葉による活動によって人を傷つける。攻撃と破壊はさまざまな多くの行動様式に表れる。たとえば、噛みつく、殴る、ひっかく、蹴る、叩く、髪の毛を引っ張る、つばを吐く、持ち物を傷つけたり、壊したりする、物を投げる、侮辱する、貶める、罵倒する、脅迫する、毒づく、邪魔する、拒んだり、無視したりする。

さまざまな研究は、特徴的な行動が、それには攻撃行動や破壊行動も属しているのであるが、知的障害者のなかでは特に広範にみられることを示している。健常者よりもおよそ3～5倍も多く、なかでも攻撃行動はきわめて頻繁である。

さまざまな仕方の攻撃行動はほとんどの場合、脳組織的な傷の結果ではない。むしろ攻撃行動の頻繁さは、「傷つきやすさ＝落ち込みやすさという考え方」で説明されている。その考え方の出発点は、知的障害者は心理的・社会的ストレスにさらされやすく、そしてそれゆえ特に特徴的な行動が出やすいということである。言葉での表現を苦手としている知的障害者における攻撃行動は、多くはコミュニケーション行動とも説明される。

知的発達という支援重点を有する養護学校（ＦＦＧＥ）の生徒たちの攻撃行動について研究が実施されている。教師の評価によれば、ランダムサンプル全体の69％が攻撃行動を示している。90人の被験生徒の24％において、しばしば、そして定期的に攻撃行動が観察されている。攻撃行動には、たいてい、いくつかの特有な原因がある。攻撃行動は何より、生徒が困っていると思ったり、欲求が直ちには満たされなかったり、遊具あるいは何らかの物をめぐって級友と争ったりするとき、発生する。たいていの教師は生徒の攻撃行動によって授業がとても妨害されていると感じ（77％）、そしてたいてい「妨害」をすぐには終わらせることができず、したがって生徒の攻撃行動にたいしていわば無力である（55％）。別の研究は知的発達という支援重点を有する養護学校において、行動の異様さに関する教師向けアンケート調査について報告している。その調査は、全部で１３８４

名の生徒を対象とすることができた。そこでもまた、攻撃行動による授業への侵害が明らかになっている。攻撃性が教師たちによって真っ先に言及されている。そのことは学校における個人的ストレス感に関係している。その研究において、攻撃行動にかかわって、言葉での攻撃（64％）あるいは人に対する身体的攻撃（40％）を示す生徒たちの割合が大きいことに言及されている。それにたいして、物を壊したり、傷つけたりするという点で特徴的な行動を示したのは比較的僅かな生徒たちであった（22％）。

5月26日 体育館で高等部1年生のタイム学習（ネバーランドへ行こう）の授業をみせていただいた。T1は加藤鋭之教諭、T2は山田知恵子教諭。

加藤鋭之先生　山田知恵子先生

今日は高等部1年生のタイム学習「ネバーランドへ行こう」をみせていただき、ありがとうございました。

これまでみせていただいた授業でもそうだったですが、お二人が担当された「タイム学習」には圧倒されました。「学芸会でもあんなに小道具大道具を作らないぞ！」と思ってみていました。

子どもを楽しませたい。子どもの潜在的に持っている力をフルに発揮させたい。そのために子どもた

ちにそれぞれに相応の役割を演じさせたい。そのような思いが伝わってきました。校内実習や職業教育をも視野に入れていらっしゃるように思いました。総合学習に相応しい活動ですね。

清春くんは今日ピーターパンを演じ、明日も何かを演じ…そのようにしてきっと成長していくのだと思います。他の子どもたちもそうです。

以前に校内研修会でフレーベルの話（「一所懸命に遊べば良い大人になる」）をさせていただきました。「遊ぶ」という言葉はドイツ語でSpielen（シュピーレン）です。Spielenには日本語で言えば「遊び」のほかに、「演じる」という意味があります。役割遊び（ロール・プレー）のプレーに当たる言葉なのです。

一所懸命遊ぶというのは、一所懸命演じるということかもしれません。

船尾は家庭では父親を演じ、夫を演じ、大学では教授を演じ、養護学校では校長を演じている…そんななかで人格がさらに刻印されていく…ということでしょうか。

1点だけ疑問を申します。時間の割に活動の種類が多かったように思います（素人の感想ですので、重大には受けとらないでください）。

夕刻より、講師研Ⅰの事後検討会。会の最後で、わたしからは6点について話しました。

① 数年後、自分自身が柴田教務主任や近藤教頭のように指導・助言をすることができるようにな

れるとお考えですか。わたしはみなさんなら可能だと思います。教務主任や教頭先生をお手本にして指導・助言できる力を身につけてください。

② 教師がなぜ教育研究をしなければならないのか。それは確信をもって実践に臨むことができるようにするためにだと思います。

③ 指導案のなかで書かれている子どもの「求める姿」が「今の姿」の確認でしかない場合と、質的飛躍を期待している場合があるような気がします。前者は横の関係、後者は縦の関係といえるでしょうか。わたしは両方とも承認されるべきであると考えています。「今の姿」を確認し、褒めることも附養の先生らしいヒューマニズムです。その積み重ねで質的飛躍が起こるのであれば何よりです。

④ ドイツ語の〝Spielen〟には「遊ぶ」と「演じる」という2つの意味があります。子どもは先生方に一定の環境を与えられて何かを演じているのです。その演じるなかでこそ、子ども同士のかかわりも生じます。

⑤ 困ったら子どものなかに入る、子どもをみるという視点は重要だと思います。

⑥ 指導案、「すぐに」等のように曖昧な表現がよいのか、「5秒後」というような明確な表現がよいか、検討すべきです。曖昧だから必ずしも悪いとはいえないと思います。

5月28日 講師研Ⅱの授業（小学部さくら学級）をみて、講師先生のご指導を受けました。樅山真司

教諭（T1）、波田章博教諭（T2）は汗だくの活躍でした（子どもたちは、T1＝もりのおうじさまとT2＝うさぎのみみちゃんと、おんがくのもりへでかけて音楽遊びをします。遊んでいる途中で、音楽を聞くと踊ったり、跳びはねたりするT2＝キャラクター【二役】と出会い、一緒に太鼓や鉄琴などの楽器を鳴らしたり、体を揺らして踊ったりして遊びます）。この授業で対象児となったのは祐二くん。祐二くんの今の姿は「マレットを胸の高さまで上げて太鼓を打つ」、そして求める姿は「マレットを頭の上まで振り上げて太鼓を打つ」でした。そのためにT2扮するキャラクター（実は祐二くんが大好きな動物やバイキンマン）が大きく跳ねてきっかけを与えようとしたのです。

後日、わたしは樅山教諭と波田教諭に書簡を手渡しました。

縦山真司教諭　波田章博教諭

本日は講師研のための授業をみせていただき、ありがとうございました。何より検食で身近に接しているさくらの子どもたちの授業での姿がみえて嬉しかったです。

知也くんについては給食ではとても大人しく、というか手がかからない子ですが、音楽の授業ではとても生き生きと活発な様子なので、むしろ驚きました。知也くんはその場その場で相応の活動ができる力を持っているのでしょうか。

祐二くんが「アンパンマンのマーチ」の際はアンパンマンのお面と遊んでいましたが、「Spirit」になったとたんにマレットを持って打楽器を叩きだした様子をみて、当たり前のことかもしれませんが、さくら組担任お2人の先生が子どもを熟知なさっていることを確認できました。さらに祐二くんがアップテンポの曲に呼応するのかなとも思いました。アップテンポの曲になると踊って打楽器を叩く、曲のエンディングでは、研究全体会で増岡潤一郎先生がおっしゃった言葉を使わせていただくとしたら、「歌舞伎役者のような決めポーズ」をとっているようにも感じとれました。

崇士くんの動きで一番嬉しかったのは、祐二くんに影響されたのでしょうか、マレットをもって、打楽器を叩く場面もあったことです。

拓己くんについても、かれなりに場面に応じた動きができていたことで、日ごろの給食の様子をみているわたしにとっては、「褒めてあげたい」と思いました。

縦山先生の声は本当に聴きやすいです。まるで素敵な楽器のような声で、子どもたちにも伝わりやすいです。誠実なお人柄とともに後輩にとってお手本のような先生だと思っております。

波田先生の（教師にとって不可欠だとわたしは思いますが）ユーモラスな面はきっと子どもたちに愛されているでしょう。樅山先生や他の先生方から学んでいっそう飛躍なさってください。

5月29日 この日から介護等体験の最初のグループが登校（2日間）。子どものテンションも上がり、いっそう先生方もはりきっておられるように思えました（「介護等体験」の内容や意義については後述します）。午後、講師研Ⅱの事後検討会。校長として話したことは次の4点です。

① 教員＝教具という講師先生のご指摘はその通りだと思います。

② TTが50％ずつの力で仕事をするようになってはいけないとの講師先生のご指摘はもっともだが、2人で指導することで生まれるゆとりや余裕は重要です。

③ 「この子らしさ」が一般的な表現で記述されるレベルのものであってはならない、という講師先生のご指摘は、それほど子どもをしっかりとみなさいという意味だと思います。しかしよき個性であればあるほど、普遍的人間性を身につけた人である、という原理も忘れないようにしたいものです。

④ 「一番大事なベクトル」という講師先生のご指摘、つまり「子どもが自分で発達したいという思いをもつようにすることが重要」というご指摘についての解釈は皆で考えましょう。

5月30日　附養の創立記念日（6月1日）をお祝いする「ふようまつり」が午前中おこなわれました。介護の学生たちは楽しいゲームコーナーの店長等を演じながら児童・生徒を支援していました。給食時に、介護学生から「勉強になりました。今後の学生生活に生かしたいです。また学芸会などの行事に来たいです」との声が聞けました。

6月2日　4週間にわたる前期教育実習の初日です。教育実習生を迎える会がおこなわれました。

6月3日　午後、講師研Ⅲの事前検討会では次の5点について話しました。

① 申し送りの伝統を厳守しましょう。

② 1年次の先生方の発言はうれしいです。

③ 資料を読んでないと意見は言えません。かといって、わからないとも言いにくいものです。自信をもって「わからない」と言えるのは、しっかり資料を読んで、考えたあかしだと思います。

④ 独りよがりな言葉づかいや文章にならないようにしてほしい。教育論文は読んですぐわかることが重要だと思います（と言いながら、わが文章を反省していました）。

⑤ 対象生徒の麻衣子さんの3つの「らしさ」（この子らしさア「友だちや教師に頼まれたことを、間違いなく行おうとする」、この子らしさイ「先を見

通して行動しようとする」、およびこの子らしさウ「勝敗がはっきりしていることがあると勝負に勝つ工夫をする」」が、それぞれの点にかかわって教育要求を提示することは矛盾を引き起こす気がします（つまり、正確性にこだわる「らしさ」アと勝負にこだわる「らしさ」ウが対立する）。吟味してほしいと思います。

6月6日 朝から春日丘養護学校に出かけソフトボールの試合（高等部）。3－22で大敗。でも子どもたちはよくがんばりました。選手はもちろん応援も見事でした。応援には高等部で教育実習中の学生たちも参加しました。すでに30年以上の伝統がある交流行事です。

6月9日 中学部2年生の授業（「のみものとたべもので　パーティだ」、T1は細川圭子教諭、T2は神野真輔教諭）を参観しました（ただし別の打ち合わせがあり、途中はみることができなかった）。実際の食べ物を使ったパーティの用意という設定で、生徒たちはみな張り切っていました。先生方には次のような書簡を手渡しました。

> 細川圭子先生　　神野真輔先生
>
> 中学部2年生の授業「のみものとたべもので　パーティだ」をみせていただき有り難うございました。途中来客があり、冒頭部と末尾部しか参観できませんでしたので、実質的なコメントはできません。そ

こで学習指導案の叙述と拝見した範囲にかかわって簡単な感想を以下に書かせていただきます。よろしくお願い申し上げます。

これまで拝読した附養の先生方のすべての指導案からもわかることですが、本当に子どもたちの日常をよく観察していらっしゃいます。

通常の日常生活では、欲しい食べ物を相手に伝えるときの80cmほどの動きの違いなど気にしません。しかし栄治くんの場合にはそこに大きな前進の成果をみることができると判断されたことに敬意を表したいと思います。

「困っているT2を助ける」「楽しいパーティにしたい」という子どもたちが最初にもった動機付けは、もともと優しい附養の子どもたちに適したものだと思います。さらに本物の食べ物を使ったことも（常にそうでないといけないという事ではないでしょうが）臨場感を高めたのではないでしょうか。

皆で準備し、皆で食べ、そして楽しかったパーティを振り返るという今日の授業の流れはスムースでした。特に「振り返り」は大切ですね。

（先生方による本日の授業の狙いからはずれることを承知で、蛇足的に以下を付け加えます。）

授業を拝見していてドイツの事実教授という科目の実践を思い出しました（実際にみたのでなく、写真入りの教育論文を読んだのですが）。森に「魔女の薬草」を採りに行き、その薬草入りのクッキーを焼き、保護者に来ていただいてパーティをするというドイツの近所に森がある小学校での実践でした。

たとえば附養で育てている果物なども材料にして食べ物を作り、保護者を招いてパーティをするというのもあり得るのではないでしょうか。

今後ますますのご活躍をお祈りいたします。拙い感想をお許し下さい。

6月12日 午後、講師をお招きして高等部Dグループの数学授業（T1は鈴木則明教諭、T2は小林和弘教諭）について教育研究（講師研Ⅲ）。その授業では、生徒たちは数学ランドの社長（T1）と秘書（T2）から与えられたパネルゲームを楽しみました。そのルール等は次の通りです。

〈ルール〉

指令の書かれたパネルを選び、一人ずつ順番にリレー形式でキューブの取り出しや計算、図形の組み合わせに挑戦していく。指令を一つクリアするごとにチームカラーの星マークを1枚得られる。1回戦は、各チームに与えられた9枚のパネルの指令をクリアして、星マークを獲得する速さを競う。2回戦は64枚のパネルの指令をすべてのチームでクリアしていき、星マークの獲得枚数を競う。

〈パネルにある指令の内容〉
・図形合わせ（複数の図形を組み合わせてパズルに当てはめる）
・計算（2つまたは3つの数の和を求める）

・キューブ集め（示された数字の数だけキューブを取り出す）
・長さ調べ（選んだものの長さをものさしで測る）
・重さ合わせ（はかりの上にキューブをのせて示された数字に合わせる）

この授業での対象生徒は麻衣子さんです。かの女の今の姿は「10個と5個の具体物のまとまりとばらの具体物が、それぞれ複数ある中から一の位が5より大きい二桁の数の具体物を集めるとき、10個の具体物のまとまりとばらの具体物を合わせて取り出す」と規定され、求める姿は「10個と5個の具体物のまとまりとばらの具体物が、それぞれ複数ある中から一の位が5より大きい二桁の数の具体物を集めるとき、10個の具体物のまとまりと5個の具体物のまとまり、ばらの具体物を合わせて取り出す」と規定されていました（傍線部以外は「今の姿」と同じ内容）。

その求める姿は、6月3日の検討会で話した麻衣子さんのこの子らしさ「ア」と「イ」と「ウ」をふまえて、この子らしさを発揮できる状態を設定することによって達成されうると想定されたのです。すなわち、この子らしさ「ア」を発揮する状態としては「自分のすることが友だちや教師のためになる活動になっている」および「自分のすることを認めてくれる友だちや教師がいる」、この子らしさ「イ」を発揮する状態としては［物事の終わりが麻衣子にとってよくわかる活動になっている］および［麻衣子がはやく行うことを応援したり、喜んだりする友だちがいる］、この子らしさ「ウ」を発揮する状態としては［麻衣子が工夫することで勝敗につながる活動がある］および［麻衣子と競って行動する友だちがいる］が設定されました。その結果、6回の授業（1回の授業の時間は35分）で構成された単元のなかで、3回目の授業でほぼ求める姿に迫り、5回目では確かに求める姿が達成されたのです。

授業をみた後、鈴木教諭と小林教諭に次のような書簡を手渡しました。

鈴木則明先生　　小林和弘先生

今日は高等部Dグループの数学科の授業「数学ランドでパネルをゲット」をみせていただき、ありがとうございました。物理的な準備だけでも相当な時間と労力をお使いになったものと推察しております。

ゲーム的要素の高い授業でしたが、しかし高等部らしい落ち着いた雰囲気で生徒たちは活動していました。何より会場が工場的な構成になっており、関連して生徒たちの活動も工場の作業風であったことは進路指導の観点からも良かったのではないかと思います。

ゲームは2回行われましたが、1度目と2度目では場所、規模、方法論が変えられており、2度目がよりダイナミックであったがゆえに、生徒たちにも飽きがこなかったのではないでしょうか。

生徒たちが「がんばれ！」「落ち着いて！」と応援しつつも、必要以上に叫ぶこともなく、あくまでも席についての応援であり、とても良かったと思います。

麻衣子さんですが、1度目は負けが確実でやる気をなくしていたのかもしれません。競争ではない状態なら、むしろ「もとめる姿」に近づけたという見方は誤っているでしょうか。

鈴木先生と小林先生のＴＴは名コンビでした。社長が赤い蝶ネクタイをつけておられたのが少々不思議でしたが…（笑）

今後ますますのご活躍をお祈りいたします。

6月16日 講師研Ⅲの事後研でわたしは次の3つの話をしました。

① 経験を収集し、その経験を理性的に批判することが大切です。

②（大村はま先生の著書から学んでいた「仏様の指」を披露しつつ）自分の力でできた実感を子どもがもつことが肝心です。

③ 子どもを徹底的に理解すること重要です。それによって子どもらしさをみつけることができる

からです。その際、子どもらしさがア、イ、ウというように3つになるのは理由があると断言。その第3の点については、理論をもっていると豪語しました。でも実は、それほど明確な理論をもっていたわけではなかったのです。11月の研究協議会向けに発行する研究紀要執筆までには考えないといけなくなりました（愛知教育大学附属特別支援学校『研究紀要』—第30集—、２００８年11月刊の「まえがき」を参照のこと）。

5～6月にかけて、多数の授業をみることができました。当然、その間に実に多くの指導案に目を通すこともできました。附養の指導案にはひとつの特徴があります。それは必ずイラストが掲載されていることです。養護学校の教員は全員、学習指導案の作成のなかでイラストを描きます（教育実習生も）。子どもたちと教員（T1とT2）がどのように動くだろうかを想像して描くのです。美術専攻の稲垣隆佳教諭や、（美術専攻ではありませんが）樅山真司教諭等は格別お上手ですが、上手下手に関係なく、みな自分で描きます。そして、最初はお世辞にも見事とはいえないイラストしか描けなかった教員も、描くたびに飛躍的に上手になります。附養の先生方は、まるで絵本作家のようにロマンチックな心で指導案を作成しているのです。ワクワク感のない授業実践も教育研究も味気ないものだと思います。

授業方法（Unterrichtsmethode）

知的障害の子どもとの授業は、その都度、最適な指導案ないし指導指針に則って方向づけられるべきである。その指導案や指導指針は学校独自のコンセプトのなかで具体化され、かつ修正される。学校のコンセプト、年間教育課程のコンセプトあるいは教科領域のコンセプトは長期的な教育行為を統御し、それにたいして短期的な行為はさまざまな方法を援用することで構成される。方法はいわば問題解決のための構造化された行動処方箋であり、そして取り扱われるべき内容の特化と与えられた時間枠の相対的な短さにより、コンセプトから区別される。「方法」と「コンセプト」はある連続体の両極（その両極は相互に影響しあうのだが）であり、それらを互いに切り離すことは困難である。

方法は、子どもの発達水準と発達可能性にそくして定位された特有な内容の媒介に貢献する。したがって方法は、関係の構築から世間的知識の媒介や子どもに固有な自律の促進にいたるまでのさまざまな課題に貢献する。さらに方法は、次の2つの方向を目指す。第1に子どもへの直接的な影響付与を、そして第2に学習環境、およびそこにみいだされるさまざまな材料の計画的構成による間接的影響付与を。以下では、知的障害の子どもとの授業のための方法群を「徐々に増大する学習課題の複合性」と「徐々に減少する教師による統御」という2つの互いに結合した路線に沿って、4つの中心的学習課題にそくして整理する。

(1) 学習課題：人と協同する

協同は他者への我慢から始まり、そして両者の活動の同時化を介して、相互協働にまで導く。関係の構築には緊密な身体的接触と一緒の動き（素朴なコミュニケーション）が貢献する。その関係に支えられて、成人は子どもの身体において必要な行為（介護行為）をおこなうか、あるいは動きを引き起こす（体操による［病気の］治療）。子どもがさまざまな行為の実行に際して指導されるとき、子どもの身体のいくつかの部分のみがかろうじて触れられる（指導）。身体接触が引き起こされるとき、教師は子どもにある行為の流れを実演してみせることができる（お手本の提示）。子どもはそれを真似る（お手本による学習）。あるいは、教師はさまざまな指示を象徴的レベルで（つまり絵画、ジェスチャーによって、しかし特別な言葉づかいによっても）伝達することができる。子どもはそれを自分の活動に翻訳する（広い意味での言葉による指導）。言語的指導は次第に簡略にすることができる。ついには、一言でも活動を引き起こすことができるようになる。

子どもは、協同を遊びのなかで、とりわけ役割遊びのなかで学ぶ。子どもは、役割遊びのなかで自分自身を他者の立場におかねばならない。役割遊びは社会的学習を可能とし、そして規則遊びに移行することができる。規則遊びの進め方（規則）は最初、他者によって引き受けられ、それから修正され、そして最後には自ら確定される。

協同は二面的である。子どももまた教師に影響を与える。さまざまな影響（指示、要求）を学ぶことだけが重要なのでなく、それを拒絶し、あるいは変更することも重要である。その際、子どもに合わせた柔軟性が効果的である。すなわち、やり方のバリエーション、時間的余裕の確保、材料の変更である。それらに成人は柔軟に反応すべきである。教師との相互行為に、他の子ども（および他の成人）との相互行為が加わらねばならない。相互の我慢は相互支援および分業的協働のための前提である。ここでの促進方法はパートナー活動やグループ活動である。それらはもはや内容にこだわらない。他の子どもとのより強い結びつきを構築するために、具体的な場面における学習、自由活動あるいはプロジェクトに似た企画（プロジェクト授業）のさまざまな形態が有用である。

(2) 学習課題：気づき

気づきは身体および外界からの刺激の受容、濾過、評価、消化であり、そして貯蔵と反応を含んでいる。その際、慣れは意味のない刺激の消去に貢献し、それによって新しい、かつ大いに意味のある刺激の受容が可能となる。素朴な促進領域において、さまざまな刺激が教師から直接的に、すなわち肌の接触、身体ないし関節の動き、視覚・聴覚・嗅覚・味覚による感覚刺激を介して設定されるべきである。そのために「素朴な感覚刺激」という道具箱のなかに多様な刺激が存在している。促進的介護ないし活動的介護によってもまた、さまざまな刺激が習慣化されている日常状況のなかで与えられうる。その際、いくつかの刺激は結合されて、あるまとまった気づきとなる。そのような個別的感覚刺激の統合に、感覚諸器官の統合の練習が貢献することは明白である。児童・生徒は教師によって相応に構成された環境（そのもっとも乏しいものは、わずかな運動的反応しか引き起こさない写真掲示等である）のなかでもまた自己の気づきを練習し、そして改良することができる。複合的気づきのための、そして予測される一連の出来事を先取るための、またさまざまな様態について総合判断されて用意されたものの刺激の同時的な受容を確保する可能性として提供されている出来事、ないしあるまとまった体験のような、整えられた状況がより適切である。「小スペース」のような身体の大きさに適した小さな空間配置は、子どもの自発的自己運動によって、何よりも感覚的に明瞭な気づきを、つまり視覚や聴覚による気づきを誘発する。

自己運動は先天的な反射や運動プログラムにもとづいており、そして肯定的な強化と練習によって日常的なものとなり、そしてますます複合的となる運動の基礎となる。ここでは強化による道具的、あるいは自発的・効果的状態化が、概して投入可能な促進方法であるとみなされる。自発的・効果的学習は子どもの自己組織、つまり子ども自身の活動への意志にもとづいており、そしてすでに習得されているコンピテンスにもとづいている。その自己組織はさまざまな手順によって促進されうる。すなわち集中的指導は感覚的に明瞭な気づきを目指し、同時にまた一連の刺激および一連の動きの、つまり活動の経過の気づき（流れに気づくこと）を促進し、そして機能的システムの構築に貢献する。学習を引き起こす記号として役立つのは、その後の出来事を事前に告げる「何気ない提供物」である。それによってある見通しが構築され、そしてさまざまな計画が生まれる。日常

この２枚の写真は附養の第45回障害児教育研究協議会（2011年11月11日）におけるすみれ学級の公開授業である。しばらく普通の砂場遊びをしていた子どもが横においてあった色砂に気づき，色砂を用いて絵を描き始めた。

の状況に関係づけられると、その措置は素朴な能動化と統合的学習へと拡大する。限定された行為領域は提供された材料に集中し、その材料に適合した児童・生徒の機能的活動を生み出す。逆に自由な行為領域の場合、提供された材料はあまりにも多種多様な活動を可能としてしまうのである。

(3) 学習課題：物を使用し、そして変更する

わたしたちの周囲にあるさまざまな物の使用を学ぶことは、合目的的で、そして統御された運動制御の構築を、物の機能およびその特有の使用目的への洞察を必要とする。そのことは活動を求め、そして活動は世界のある部分を変更する。

繋ぎ合わせることや積み上げることによる、いわば工作による世界の単純な変更は、さしあたり目標はないのだが、少しずつ計画的に願われている最終所産に関係づけられる。同じく所産に定位されるのは、手仕事である。そこではさまざまな道具の使用の学習が前面にある。道具を使いこなす能力や材料に関する知識が存在する場合、お手本、モデル、計画が行為を主導

する手段として意義を獲得し、そして組み立てへと導く。組み立てはさまざまな小さな器具の分解（分析）と再合成（総合）によって、つまり客体についての調査によって促進される。分解は、食べ物の調理、板の鋸引き、織物の裁断の場合には破壊をも意味しうる。その後、破壊されたものからはさらなる加工（たとえば煮炊き）や巧みな組み合わせによって、何か願われている新たなもの、つまりごちそう（家庭科学習）、木片（木工作業学習）、あるいは布地（縫製作業学習）が生まれる。学習領域と応用領域はみるまに拡大するが、しかし方法的に同じ構造的特徴を示す。

ある活動の順序は段階的学習によって、つまり個々の活動単位の、あるまとまった行為図式（スキーマ）への連結によって、習得されうる。段階的に獲得されたいくつかの図式（スキーマ）は一連の課題を通して事実論理的な秩序のなかで、ひとつの統一的行為へと互いに結合される。そのようにして獲得されたかなり多くの数の行為は、教授課程を通過することで、さらに広範な活動領域における非常に包括的なコンピテンスとなることができる。それら3つの学習の用意（行為図式、統一的行為、教授課程）は教師によって強力に統御されており、児童・生徒の自律にごくわずかな発展可能性しか与えない。

(4) 学習課題：自己決定

児童・生徒の自律を発展させる可能性の促進にはっきりと貢献するのは、児童・生徒のさまざまな決断を生み出す用意である。すなわち、活動の目標の確定、材料や道具の選択、活動パートナーの選抜、順序の確定および使える時間の使用にかかわってである。そのために「オープン授業」という集合概念に含まれるのは、何よりも全日計画活動、週間計画活動、グループ活動における選択の個別化、具体的場面における学習、自由活動、行為定位的授業、プロジェクト活動ないしプロジェクト定位授業である。

プロジェクト定位授業（Projektorientierter Unterricht）

プロジェクト定位授業、プロジェクト授業あるいはプロジェクト活動のようなコンセプトはすべての学校種の教授学において、したがって特殊教育学教授学（たとえば知的障害児のための）においてもまた重要な役割をはたす。それらのコンセプトの間にある明確な相違にもかかわらず、包括的な考察と評価を可能とする若干の中心的な共通の関連点が明らかにされている。

プロジェクト授業は、社会的に重要な問題に取り組み、そしてその際、経験を通して（しかも学習者の自己組織のなかで）学ぶ。児童・生徒は自ら重要なプロジェクトのきっかけをみつけ、プロジェクトの目標、すなわち想定されている成果に合意し、進め方を計画し、かつ実行し、その際、計画からのずれを調整し、プロジェクトの成果を評価し、そして社会に向けて紹介すべきである。

プロジェクト定位授業は、あるプロジェクトの次のような経過局面と契機にそくして方向づけられる。

局面１：さまざまな経験の獲得にとって適した問題を含む事態を選ぶこと。多くの知的障害児童・生徒は確かにさまざまな問題を認識できるが、しかしその判断に際してはしばしば援助を必要としている。ここでは次の３つの契機が挙げられる。

① **状況関連性**　児童・生徒のごく身近な生活からのテーマを要求する。それによって児童・生徒は従前の経験を容易にきっかけとすることができる。

② **参加者の興味・関心への定位**　知的障害児童・生徒との活動のなかでは、そのような興味・関心はしばしば教師によって、まず喚起されなければならない。

③ **社会的実践重要性**　プロジェクトは将来における社会の生活を改善すべきである。経験的に、知的障害児童・生徒はむしろ容易に、教師やその他の人の助けで自分自身にとって重要な問題を取り扱うことができる。

局面２：一緒に問題解決のための計画を発展させることは、たいてい知的障害児童・生徒の教師との協同を必要とする。ここでは次の２つの契機が挙げられる。

① **目標指向的問題計画**　目標に至る道が、すべての必要な活動、参加者、材料、分業の可能性等とともに計画されうるよりもはやく、その目標が合意され、成果が思考的に先取りされるべきである。そのこともまた多くの知的障害児童・生徒はまず教師の助けで学ばねばならない。

② **自己組織と自己責任**　その両方とも知的障害児童・生徒との授業にとっての学習目標である

が、まだ備わっていない前提である。組織と責任はその都度さまざまな割合で教師と児童・生徒に配分される。

局面3：問題と行為定位的に対することは、具体的活動のなかでの計画の実行を考えている。知的障害児童・生徒はほぼ間違いなく、順番や事実論理的秩序のなかで見通しやすく、そしてあまり複雑でない計画を求める。ここでは次の2つの契機が挙げられる。

① **多くの感覚の使用**　このことは知的障害児童・生徒との授業では特に重要である。

② **社会的学習**　共同の活動としてのプロジェクト活動は、互いの活動の一致、配慮、コミュニケーション、信頼性、細心さ等々を求める。それらは実に学ぶに値している。

局面4：達成された問題解決を現実において検証することは、児童・生徒自身による、ならびにその成果を提示された「社会」によるプロジェクト成果の主観的評価を考えている。ここでは次の3つの契機が挙げられる。

① **所産定位**　プロジェクトは、プレゼンテーション、記録文書、何か製作されたもの、つまりプロジェクトとは無縁な人々によってもまた確認される「使用価値と伝達価値」を有する有用なものをもたらす。

② **教科や領域の横断**　ある問題をその複合的生活関連のなかで把握することは、さまざまな教科領域と事実領域がそれぞれの貢献をすることを（さらに教師たちのチーム活動としても）求

める。さらに、ある事態を共通の対象としていくつかの異なる見方から考察することを可能とする。

③　**プロジェクト授業の限界**　プロジェクトは、児童・生徒にとって常に見通せるものでなければならない。そのことは範囲を限定し、そしてときに、その欠如を児童・生徒がプロジェクト活動の最中に初めて気づく知識、能力およびその他のレディネスを要求することがある。その場合はプロジェクト授業を中断し、その局面に新しい学習を挿入することになる。プロジェクト定位授業は知的障害児童・生徒との授業においては、むしろ系統的に構築された教授課程によって補完されるべきである。

知的障害児童・生徒の特別な学習前提と具体的な生活現実は授業のためのさまざまな糸口を提供し、そしてテーマの選択を限定する。必要な現実や実際を習い覚えることは、行為に関係した授業あるいはプロジェクトに類似した形態における（しかし決して大規模な企画ではなく）具体的、対象的活動を必要とする。プロジェクト授業はさまざまなコンピテンスを必要とする。それらには知的障害児童・生徒は次のことを学ぶことで次第に接近できる。

・状況および条件要因を認識し、そして評価すること。

・その状況はいかに、そしてどのようにして克服されるのかを判断すること。

・決断をおこない、そして企画を計画すること。

・自己の行為を目標に向け、そして出現するさまざまな変化に相応に適応させること。
・自己の活動とその成果を批判的に検証し、そしてそこから結論を引き出すこと。

そのような学習要求ゆえに、知的障害児童・生徒の授業においては、大々的なプロジェクト授業は実施困難である。しかしプロジェクト定位授業は、プロジェクト授業の基本的な流れや要求に則っている。たとえば、経過構造のような中核的要素は保持され、複合性、自主性、コンピテンスへの要求は児童・生徒のその都度の現実的水準に合わせられる。それゆえ知的障害児童・生徒との授業においては、プロジェクト授業やプロジェクト活動より、むしろプロジェクト定位授業が考慮されるべきである。

6月19日 朝、プール開き（小学部、高等部）で子どもたちの安全を祈りました。その後、教育実習生の授業を2つみましたが、4週間の実習のうち3週目が終わろうとしている時期、当然のことといえ、成長を感じました。夕方からの職員会議では次のように話しました。

① 通知表の所見はぜひ保護者にどう伝わるかを意識して書くようにしてください。
② 修学旅行の下見は慎重にお願いします。
③ （わが国の社会科教育発展に大きな貢献をなさった有田和正先生が愛教大の退官記念講演で、教員を目指す学生たちに向けて「苦労があるから、困難があるからこそ、教師という仕事は面白

いのだ」というメッセージを発せられたという話をしながら）、挑戦できる喜びにこそ目を向けてほしいです。

6月最終週は、7月1週目に実施される宿泊を伴う「海の生活」「山の生活」に向けての練習の意味をこめて、宿泊訓練が行われました。その際、並行して愛教大の1年生たちの介護等体験も実施されます。

6月23日　午後6時から小学部のお泊まり会を見学し、子どもたちと夕飯（カレーライス）を一緒に食べました、その後、花火大会まで子どもたちと遊ぶ。

6月26日　中学部の宿泊訓練（2日目）に顔を出しました。教育実習生（学部4年生）が介護等体験の学生たち（学部1年生）を指導していました。明らかに附養の先生方の真似をしていることがわかりました。「学ぶ」の語源は「真似る」にあるとのこと。

6月30日　高等部の宿泊訓練の1日目でした。介護等体験実習で研究室の院生（小学校免許取得コースの院生）Mくんも来校しました。Mくんは高等部の慎平くんを担当。プール学習におけるMくんの慎平くんへの支援ぶりをみるためにプールに行きました。なかなかプールに入ろうとしない慎平くんに手こずっていましたが、Mくんらしく真剣にがんばっています。慎平くんは結局、1時間半ほど

の間でほんの2分ほどプールの中に入っただけでした。その瞬間を捉えた写真のMくんの顔は喜びにあふれています。午後6時過ぎ、宿泊訓練中の高等部の生徒たちと夕食（カレー）を一緒に食べ、その後、花火大会までつきあいました。

7月9〜11日　この期間に実施された自然教室（山の生活、海の生活）にとって、宿泊訓練はおおいに役立ったようです。附養で生活していると、練習の大切さがよくわかります。ちなみに、わたしは校長として1年目と3年目は高等部の山の生活に、2年目は中学部の山の生活に付き添い、キャンプ・ファイヤーで山の神を演じ、子どもたちとニジマス採りや飯ごう炊飯などを楽しみことができました。山の生活の終了後、いくつかの学期末行事を経て7月15日に終業式を迎えました。

第2章　夏休み

２００８年度の夏休みの期間に、鳥取への公務出張（1泊2日）も含めますと、全部で25日出勤しました。夏休みといえども、教員には数日間のお盆休み以外にまとまった休みはありません。附養の場合でいえば、子どもたちはプール学習で登校し（合計18日間、あわせて介護等体験の学生への指導も）、同窓会や父母教師会の行事もあります。さらに11月の研究協議会に向けて、研究紀要の検討を含む研究全体会が行われました。わたしが参加できたのは、7月17日、18日、24日、28日、8月18日の５日間だけでしたが。

第1節　研究紀要の検討（研究全体会）

7月17日　紀要論文の検討に際して、わたしは次のような話をしました。教育論文も「つかみ」が大事です。導入部分に工夫しましょう。ケアレスミスにも注意しましょう。「読者は神様」という気持ちで執筆しましょう。実践は理論より豊かです。実践をわかりやすく伝えるために理論は必要ですが、理論を説明するための実践紹介であってはならないと思います。あくまでも豊かな実践をわかっていただけるような論文に仕上げましょう。

7月18日　あおい学級の守くんの「この子らしさ」のひとつとして「図形を組み合わせて、自分の知っているものの形を表現しようとする」ことが指摘されている（たとえば黄色の円形の色板を縦に3枚並べて『おだんご』といったり、黄色い正三角形の用紙2枚それぞれの頂点を合わせて『見て、ちょうちょう』といったりする）が、その能力は人間として高く評価されるべきです。中学部2年生の夢奈さんについて、夢奈さんが誰かを真似るだけでなく、真似られる場面をつくってほしいです。今日の研究全体会でも、仲間意識のなかで建設的な相互批判がなされました。そのような職場で働くことができるのは幸せです。

7月24日　研究協議会の副題「いくつかの『この子らしさ』を発揮する授業」は〝子どもをよくみなさい〟を意味し、主題「豊かな生活につながる子どもの姿を求めて」は〝子どもの未来像を見据えなさい〟を意味しており、至極妥当であると思います。そして大切なのは、副題と主題の間をつなぐことであり、そのために研究紀要の論説が書かれているのです。子どもの発達はささやかなものであるかもしれませんが、そのために注がれる先生方の努力は光り輝くほど崇高なものだと信じています。

第2節　その他の夏休み中にもある校長の主な仕事

7月28日　夏休み中の唯一の登校日。どの部もプール学習が中心。午前中のプール学習は猛暑のなかで行われました。しかし子どもたちが帰る時間になると、突然、雷鳴と豪雨になり、急激に温度が下がりました。高等部は保護者が迎えに来られないのでスクールバスの運転手である鈴木五一さんに車を出していただきました。附養には、引き続き専属の運転手が必要です。

7月30日 高等部の親子研修に付き添いました。豊橋方面です。午前中、福祉村を見学。昼はシーサイド・リゾート・ホテルでランチ（バイキング）。帰りのバスは渋滞しましたが、車内カラオケ大会で盛り上がりました。

7月31日 午後、愛教大の2人の監事が来校されるとの連絡を受けて、午前中に副校長および教頭と打ち合わせ。2人の監事には、わたしからは「1名たりとも定員を減らして欲しくない」とお願いし、さらに附属学校部の強化を求めました。

8月3日 同窓会夏の会がおこなわれ、楽しく過ごすことができました。

8月4日 午後、介護等体験の学生たちの様子をみるためににプールに行きました。やはりプールは猛暑です。小学部さくら学級の知也くんと野球の話をしました。

8月5日 豊川市で三河教育研究会の特別支援教育部会の夏季研修会がおこなわれました。わたしが参加した分科会では東三河のある小学校の特別支援学級の実践について報告がありました。報告された先生は歌唱によって言語発声の訓練をなさっておられたのですが、実際子どもは、始業式からの3カ月の間に朝の挨拶を相当に明瞭にできるようになっていました。そのことは当日紹介されたビデオの視聴によってはっきりと確認できたのです。分科会後半のディスカッションの際に、少人数の分科会ですので、全員が順番に発言しました。わたしは、「やはり記録をとるって大切ですね」と申し上げました。すると報告なさった先生は、「ビデオで確認するまでは、あれほど発声の発達があることに気づかなかった」とおっしゃっていました。3カ月後のビデオに比べますと、確かに始業式時点の子どもはかなりおぼつかない発声で挨拶をしているのですが、それでも参観者や先生は上手に言えたと拍手をし、褒めておられるのです。毎日毎日の微々たる変化にはなかなか気づきません。だからこそ正確な記録を取って、定期的に確認することは、教育研究にとって重要であると思います。それと同時に、教師には2つの心を併せもつことが求められているのかなと思いました。ひとつは、子どもの一所懸命な活動に共感するいわば温かい心です。これは教師であれば普通にもっているものです。もうひとつは、子どもの活動を客観的に評価するいわば冷めた心です。この点は意識しないともち続けることはできないと思います。分科会の後、附養旧教職員の青木宏氏先生の講演を聞きました。おもしろく、かつ啓発的な内容でした。

8月6日 大学で、①岡崎3附属研修会（前日お聴きした青木先生がこの日も講演をなさった。内容は違っていましたが）、②大学主催の附属学校における安全対策に関する研修会、③大学附属共同研究会管理運営部会がおこなわれました。

8月8日 年度当初に附属学校部長にお願いしていた附養の遊具の全面的な修理に関する予算が全額承認されたとの知らせがありました。「やったー」という気持ち。学長や理事にも感謝。正午前に三河教育研究会社会部会に参加（岡崎市民会館）、終了後附養に戻り教頭と翌日のクスノキ会（年に1度の附養のOB職員の会）の打ち合わせ。

8月9日 午後3時頃にクスノキ会のために岡崎市内のホテルに出向きました。午後4時から開始。

8月20日 東海附連が岡崎市内で開催されました。主催は附属岡崎中学校。わたしは教育研究分科会の助言を務めました。その分科会では附養の樅山真司教諭と浜松から来られたもう1人の先生が報告。

第3節　鳥取の全附連での報告

8月21日 8月20日から1泊2日で鳥取に出向きました。第41回全国国立大学附属学校連盟校園長会研究会に参加するためにです。研究会のテーマは「新時代の附属学校園の使命と課題」でした。わたしは特別支援学校分科会で報告しました。その一部を紹介します。

> 教員養成大学・学部の附属学校の基本的使命は、①子どものための教育、②子どものための教育研究、③教育実習指導です。我が愛知教育大学附属養護学校（以下、「本校」と略記）のすべての職員はそれらの使命を果たすため、日々努力しています。
> きょうは、本校で取り組んでおります介護等体験の指導について報告することで、研究会のテーマに応えたいと思っています。

① 本校では介護等体験を重要な教員養成の場として位置づけ、積極的に受け入れてきました。平成10年度より始まった7日間の介護等体験、そのうち養護学校等で行われるべき2日間の体験実習を本校でも受け入れています。その際、当初から愛教大教員養成課程の学生全員（特別支援学校教員養成課程を除く）を1年生段階で受け入れています。その数は平成20年度ですと661名です（予定）。そのような措置をとったのは、介護等体験をいわば最初の教育実習であると考え、学生たちがより意欲的に教員を目指すきっかけとするためです。もちろん養護学校とそこでの教育に関心を持ってほしいという願いもありました。ちなみに平成20年度の実施計画は次の通りです（合計17回、1回につき2日間で、受け入れ人数は平均40名弱）。

・1回目（5月末）：附養まつり
・2～4回目（6月末～7月初め）：宿泊訓練
・5～13回目（7月～8月）：プール開放
・14回目（9月）：運動会予行
・15回目（9月）：運動会
・16回目（2月）：学芸会予行
・17回目（2月）：学芸会

介護等体験が最初の教育実習としての機能を果たしている事実は、高等部の宿泊訓練において生徒たちを介護した学生たちの声から確認できます。そのエッセンスは次の通りです。

・（ふれあうことの大切さ）最初はきちんと対応できるか、不安な気持ちでした。しかし実際に接してみると、健常者の子どもと変わらず、もしかしたらそれ以上に素直で明るい子どもたちばかりで驚きました。「先生」の立場で体験に来ている以上、何かをする立場であるはずなのに、ここの子たちには色々なものをもらってばかりだったような気がします。大学で勉強しているのみでは忘れがちな「子どもと関わりたい」という気持ちを再確認できました。

・（偏見が除去される）これまでは〝障害者〟とひとくくりで見ていましたが、体験を通じて障害は一種の個性だと思えるようになりました。当たり前のことをようやく実感できたと思います。障害者が健常者と同じように生活できる環境づくりがバリア・フリーですが、障害者を障害者にしている一番の原因は私たちの心にある気がします。

・（介護支援をするうえでの困難点を理解）子どもに何かについて集中させることの困難を痛感しました。困ったのは、子どものペースのとらえ方でした。

・（教員を目指す気持ちを高めた）この体験では、楽しいことも大変なこともありましたが、「教師になる」という目標をより明確にできました。勉強不足を痛感することも数多くありましたので、これからもっと勉強し、また、子どもたちともっとふれ合って、自分の目指す教師像に近づきたいと思います。

第4節　夏休みも残りわずか

8月24日　この1年にお亡くなりになった岡崎の愛教大附属3校のOB職員を追悼する「追弔会」が附養近くのお寺でおこなわれました。伝統的に附養の職員が世話をします。

8月28日　全日、附養で勤務、大雨になりました。女性職員更衣室に雨漏りとの報告。

8月29日　午前中、近藤文彦教頭より、附養の調理室が雨漏りで水浸しになったとのメールを受けました。たまたま大学にいたので附属学校部に報告し、午後2時過ぎに附養に。被害状況をみるが、それほど深刻ではありませんでした。

第3章　2学期

第1節　運動会

附養の運動会をなかなかイメージできなかったです。聞けば、徒競争も、綱引きも、玉入れも、集団演技もあるとか。高等部は全員で組み立て体操するそうです。正直、大丈夫なのかなと思っていました。附養で年度末に刊行される文集『くすのき』には、子どもたちの作文が掲載されています。夏休み中に過去の『くすのき』を読みました。当然、運動会について書いたものがありました。たとえば、同誌第34号に掲載された2004年度の高等部2年生による「徒競争で負けたのが悔しい、来年は絶対に勝ちたい」という文章の行間からは、その高等部の生徒の運動会にたいする熱い思いが伝わってきました。9月1日の始業式後の職員会議でその話をし、忙しいでしょうけど、しっかり準備してほしいとお願いしました。

①　2008年度の運動会は9月21日に予定されていましたが、台風の影響で順延されて9月23日に行われました。待ちに待った運動会、わたしは次のような挨拶をしました。どういうわけか大運動場の朝礼台での挨拶は、体育館の舞台か

らの挨拶よりもかなり緊張しました（足が震えていました）。

「雨で順延になりましたが、秋晴れのもと附養の第42回運動会を無事開催できますこと、嬉しく思います。来賓の皆様、地域の皆様、附養を愛してくださっている多数の皆様、ご多忙の中ご臨席いただきありがとうございます。子どもたちの演技をごらんいただき、お楽しみください。保護者のみなさま、家族のみなさま、子どもたちのがんばりに熱いご声援をお願いいたします。そして子どもたち、とても立派な入場行進でしたよ。この後の演技でもこれまでの練習の成果を生かして、良い思い出を作ってくださいね」。（「附養を愛する皆様」という表現を望月副校長に褒めていただきました。）

附養の運動会では、校長の出番が、最初の挨拶以外にも用意されています。ひとつは徒競争の表彰です（もちろん附養の運動会でも、順位はつけます。しかし1位も、2位も、3位も、4位も、すなわち最下位でも、健闘を称えて表彰します）。さらに最終演技である全員リレーの指揮です（入場から退場まで指揮します）。スタートと最終走者のゴールの2度、ピストルを鳴らしました。生まれて初めての体験です。最初は耳のごく近くで鳴らしてしまい、しばらく耳鳴り状態でした。

心配していた組み立て体操、本当に素晴らしい演技でした。皆の心がひとつに

ならないとこんな演技はできません。近藤文彦教頭のお話では、「今年の演技は過去に比べて格別に素晴らしい」とのことでした。塔の頂上に立つ高等部3年生の賢司くんは、ネクタイにこだわりのある生徒です。会うたびに、わたしのネクタイを褒めてくれます。褒められると、嬉しいものです。そんな賢司くんの雄姿に、わたしは熱い拍手をおくりました。

② 運動会（予行も含めて）には介護等体験の学生たち（ほとんどが愛教大の1年生）も附養に多数来ます。たまたま校長2年目の運動会（2009年9月19日）の際には、1人の学生と比較的ゆっくりと話すことができました。体験実習を終えて、校長室に挨拶にきてくれたQさんとの対話です。

☆

わたし：Qさんは確か、さくら学級の子どもを担当したのでしたね。感想はどうですか。

Qさん：初めて自分の担当のクラスの子たちに会ったとき、どうすればいいんだろうと不安でいっぱいでした。しかし体験を終えた今では充実感でいっぱいです。

わたし：具体的には誰を介護したのですか。

Qさん：わたしの担当した子は、さくら学級の愛さんでした。愛さんは言葉をあまり話せないので、最初はどうすればいいのかとまどうばかりでした。しかし、ずっと一緒にいると向こうから甘え

てきて、ひざの上に座ったり、顔をくっつけてきたり、もたれてきたりして、少しずつ信頼感が生まれてきたのではないかと思います。2日目には「何かをやって」という意味で物を差し出してくれるようになりました。その子からしてみれば、わたしは「何でもしてくれる便利屋」だと思われていたのかもしれませんが、最初は話しかけても何も反応を示してくれない状態だったので、向こうから行動を起こしてもらえて、私はすごく嬉しかったです。確かに、トイレの介助などは大変でしたが、愛さんとかかわれてすごく介護等体験が充実し、満足できるものになったと思います。また、最後の、お別れのあいさつをする時、小さな手をわたしのほっぺたにあてて、「ありがと」と言ってくれたんです！　もしかしたら、その子はそう言っていなかったかもしれませんが、わたしは泣きそうになるくらい感動しました。

わたし：それは素晴らしいですね。Qさんが深い愛情でかかわったからだと思いますよ。あまり話さない、ほとんど反応してくれない子どもを担当することになった学生のなかには、無言、無表情で子どもにかかわる人もいます。そんな学生に、わたしも「同じ目線から心をこめて話しかけてごらん。気持ちは通じますよ」と声かけしたこともあります。ところでQさん、ほかに思

ったことがあれば、ぜひ教えてください。

Qさん：養護学校にたいするイメージが変わりました。子どもたちの目はとてもきれいで、態度もすごく真面目で、わたしの出身高校よりきちんとした印象を受けました。運動会の競技は、みんなができるように、楽しめるようにと工夫されていてすごいと思いました。たとえば障害物リレー（小学部）（正式には「わくわくどきどきせかいりょこう」」では2コース用意されていたり、並ぶときにわかりやすいようにゼッケンと同じ色の旗を立てたり、自分から動けるように工夫されていたと思います。私はこの体験を通じて、障害児は「子ども＋できないこと・苦手のこと」ではないかと思いました。それなら、その子その子に合わせた支援をすればよい。わたしはその子がその子らしく生きていけるような教育ができるような教師になりたいです。

わたし：あなたはまだ学部の1年生です。これからもいろいろな学びや体験を積み重ね、充実した学園生活をおくって、素晴らしい先生になってください。研究協議会や学芸会にも気軽に来て、子どもたちの成長ぶりを見守ってください。

③　附養の校長として最後の運動会は2010年9月19日におこなわれました。この年の夏は格別の猛暑で、9月に入ってからの残暑も厳しく、運動会の練習にも細心の注意がはらわれました。児童・生徒が全員そろって、秋晴れの下（幸い、猛暑は過ぎ去っていました）運動会が開催された。入場行進の後、わたしは次のような挨拶をしました。

「おはようございます。本当に立派な入場行進でした。高等部は堂々とし、中学部はまとまりがありました。小学部はひたすら可愛くて個性的でした。今日はみんなのお父さんやお母さん、家族の方々、卒業生のみなさんなどたくさんの附養を愛する人々がみてくださいます。それらの人たちの前で自分らしく、楽しく演技をしてください。」

附養の行事の特徴は、卒業生が多数参加するということでしょう。在校生とほぼ同じ数の卒業生が来ます。運動会と学芸会を隔年で土曜日、日曜日におこなうようにしているのは、土曜日なら来られる卒業生にも、日曜日なら来られる卒業生にも配慮した結果なのです。卒業生・来賓は毎回、綱引きを楽しみます。あと担任・副担任と全員の子どもたちが一緒になって演じる「附養音頭」も恒例になっています。皆が太鼓を叩きながら、踊るのですが、特に中央の大太鼓を叩く2

名の教員と高等部の生徒代表は、「いつの間に練習したの?」と思わせるほど上手です。「附養音頭」は部ごとの演技とは違った迫力があります。

第2節　研究協議会

障害児教育研究協議会は、毎年11月上旬ないし中旬におこなわれます。その準備は10カ月前から開始されています。テーマを決定し、研究協議会も全体模様を定め、講演講師等の人選も大切です。当然、テーマに合わせて部および学級ごとに授業を構想します。5〜6月の授業研究(春実践)、春実践をふまえた紀要論文原稿の検討、夏休み以降の(研究協議会当日の授業)指導案の検討、そのほかに特別支援教育に関する『資料集』の刊行も研究協議会の期日に合わせています(年度によっては出版本の執筆もあります)。ここでは研究協議会前後の数日を、わたしの記録をもとに論述します。

(1)　第41回障害児教育研究協議会(2008年11月14日)

11月4日　研究協議会挨拶の原稿を作成し、望月副校長と近藤教頭にみていただけるよう、渡しました。原稿を書くにあたって、研究会挨拶に相応しい堅い(ある意味では味もそっけもない)文章になるよう心がけました。次のような内容です(しかし本番ではまったく違ったものとなりました―その経緯は後述)。

皆様こんにちは。校長の舩尾でございます。研究発表に先立ちまして一言ご挨拶申し上げます。

愛知教育大学副学長、ＳＨ先生をはじめ多数のご来賓にご臨席たまわり、本日かくも盛大に第41回障害児教育研究協議会を開催できましたこと、心よりお礼申し上げます。すでに皆様には公開授業Ⅰと公開授業Ⅱをご覧いただきましたが、どのような感想をお持ちになったのでしょうか。本校の教育研究や授業づくりの狙いや意義につきましては、この後研究主任より発表がございます。さらに3つの分科会に分かれての研究協議もございます。それらの発表や協議およびご覧いただきました授業が皆様の今後の教育活動、研究活動、授業づくりに多少なりとも役立つのであれば、校長としてそれ以上の喜びはございません。

さらに本校には特別支援学校として、地域の教育機関に支援を行う、特別支援教育のセンター的な役割を果たすことが求められております。その関連で平成18年度の研究協議会より「特別支援教育」をテーマにシンポジウムを開催しております。本日の研究協議会におきましても「支援をつなぐ特別支援教育」というテーマでシンポジウムを行います。シンポジウムへの積極的なご参加もまたよろしくお願い申し上げます。

最後になりましたが、ご後援をいただきました愛知県教育委員会様、愛知県小中学校長会様、愛知県特別支援教育研究協議会様、愛知教育文化振興会様に衷心よりお礼申しあげます。

簡単ではございますが、わたくしよりの挨拶とさせていただきます。ありがとうございました。

11月6日 研究協議会のおよそ1週間前、先生方も多少疲労がたまっている様子。午後年休をとった教員もいました。望月副校長の発案で次の月曜日（11月10日）に、夕食として「やみカレー」を全員で食べることになりました。栄養士の亀井睦美さん（2009年度より、栄養教諭に）がつくってくださるとのこと。職員全員で研究協議会に向けて意思統一をはかりたい。

11月9日　教頭先生よりメールをいただく。研究協議会の挨拶を、子どもの様子を入れたものに変えてほしいとのこと。望月副校長の強いご意向で、近藤教頭も同じ意見であるとのことでした。さっそく草稿づくり。

11月10日　給食の際、田中文子教諭がハイテンションだったので、睡眠不足だと思いました。運営連絡会議（原則として週1回、月曜日に幹部クラスの教員だけでおこなわれる会議）で、「教員相互の指摘のしあいはよいが、それぞれが根本のところで認め合う基本姿勢は維持してください」と述べました。さらに「本校の教育研究や授業づくりは研究協議会のためのものでなく、子どもたちのためのものであり、決して本末転倒にならないよう」ともお願いしました。午後3時から4役および各部主事と外回りの環境整備を点検。初めて足を踏み入れた場所もありました。午後6時からカレーを食べる会。とても美味しかったです。

その後、研究協議会での新しい挨拶の原稿を作成しました。次のような内容です。副校長の意見を取り入れ、わたしが実際に目にしたエピソードを各部からひとつずつ選びました。ただし、書き終えてからも何か物足りなさを感じていました。

皆様こんにちは。校長の舩尾でございます。一言ご挨拶申し上げます。

愛知教育大学副学長、ＳＨ先生をはじめ多数のご来賓にご臨席たまわり、愛知県教育委員会様をはじめ多数の教育関係団体よりもご後援をいただき、本日盛大に第41回障害児教育研究協議会を開催できましたこと、心よりお礼申し上げます
すでに皆様には公開授業Ⅰと公開授業Ⅱをご覧いただきましたが、どのような感想をお持ちになったでしょうか。どのように評価していただけたでしょうか。その関連で本校の職員について一言述べさせていただきます。

本校の職員は給食における子どもへの支援において、虫眼鏡でようやくみえるような大きさに切り刻んだ野菜を何週間かの期間にわたる苦闘の後、ようやく食べることができた子どもに、満面の笑みとともに大きな拍手喝采を送ることができる職員です。でも食べることができなくても、決して叱りません。

本校の職員は子どもたちのなかのいさかい、と申しましても基本的に悪意というものがない本校の子どもたちは実に仲がいいのですが、しかしまれにいさかいがおこることもありますが、そのようないさかいに際して事情を聞き、「両者とも正しい、両者とも良いことをしようとした」と言葉掛けをして、解決することができる職員なのです。でも事情はしっかり聞きます。

本校の職員は、子どもが将来の職場で迅速に仕事がするための能力を少しでも身に付けることができるためには、ごくありふれた体育館をピーターパンが活躍するネバーランドに変えてしまう職員なのです。その際何より尊重するのは子どもの今の安全と将来の幸せです。

そのような職員が本日公開授業をおこなったのです。皆様方に再度授業を振り返っていただく際にぜひ参考にしていただきたく一言、申し上げました。

11月11日　給食の後、公務主任の増岡潤一郎教諭に車で送っていただき、豊田市のある中学校の研究発表会に参加しました。とても寒かったです。その中学校の校長先生（実は附属小学校のOB）から「研究協議会の挨拶を期待していますよ」との声をいただきました。

11月13日　今日は研究協議会の前日。本番とまったく同じスケジュールをこなします。多くの保護者は授業の様子をご覧になっていました。何といっても今日はゆっくりみることができるのですから。小学部、中学部、高等部を通してみますと、全体としての子どもの成長（落ち着き）が際立ちました。当然、研究発表会のリハーサルもおこなったのですが、校長挨拶の練習は冒頭と最後の言葉のみにとどめました。望月副校長の助言に従ったのです。本番は新鮮な方がよいとのこと。研究主任の伊藤孝明教諭の発表内容はとてもわかりやすくなっていました。シンポジウムも練習しました。最後の全体打ち合わせでは、「ハプニングが起こっても『想定内』として平気な顔で対処してほしい」と述べました。もっともいざというとき、一番あわてるのは、たいてい校長であるわたしです。今日はとても温かかったのですが、明日も予報では快晴で温かいとのこと。幸運です。その後、突如ひらめき、新しい校長挨拶を一気に書き上げました。10月末の小学部あおい学級との修学旅行における体験をもとにした内容は次のようなものです。

皆様こんにちは。校長の舩尾でございます。一言ご挨拶申し上げます。

愛知教育大学副学長、SH先生をはじめ多数のご来賓にご臨席たまわり、愛知県教育委員会様をはじめ多数の教育関係団体よりご後援をいただき、本日盛大に第41回障害児教育研究協議会を開催できましたこと、心よりお礼申し上げます

すでに皆様には公開授業Ⅰと公開授業Ⅱをご覧いただきましたが、どのような感想をお持ちになったでしょうか。

10月30日から一泊二日で小学部あおい学級の奈良・京都方面への修学旅行に付き添いました。5人の子どもとわたしを含めて5人の教員が出かけたわけです。おわかりいただけると思いますが、原則として1人の教員が1人の子どもを支援しながら行動するわけです。わたしがいっしょに生活いたしましたのは本日配布いたしました研究紀要では守と呼ばれている6年生の子どもです。1泊2日の間、守くんと楽しい会話をしながら過ごしました。奈良公園では鹿にせんべいをあげ、「かわいいね」と言いながら鹿の頭を撫でてあげました。大仏様の大きさに目を丸くして驚きました。清水寺や金閣寺も一緒に見学しました。太秦映画村では手裏剣をしたくてたまりませんでした。ここだけの話ですが、ほかの先生に内緒で手裏剣をしました。

守くんはわたしのことを「ひで先生」と呼んでくれるのですが、その会話の途中、わたしは自分のことを思わず「パパが…」と言いかけることもあったのです。つまりわたし自身が今は成人しておりますわたしの息子や娘と会話していた時期を思い出していたのです。守くんとの会話は幼かったころの我が息子や娘との楽しい会話を思い起こさせてくれたのです。

修学旅行の2日目、京都から新幹線で名古屋に着き、名鉄に乗り換えて東岡崎駅に向かう途中、守く

んはこんなことを言ってくれました。「ひで先生、僕と別れるの寂しいでしょう？」

わたしは「来週また会えるから…」と強がりましたが、実は内心さびしかったのです。守くんはわたしの表情からきっとわたしの寂しさを感じ、優しく声をかけてくれたのだと思います。心根の優しい子どもたち、本校の子どもたちはそんな子どもたちです。

本校の子どもたちが将来、社会に出てもその優しさをそのまま認めていただけて、周囲の方々から可愛がっていただけるように、本校の教職員は日々努力しております。

そのような子どもたちと教職員がおこなう授業を本日みていただいたのです。皆様方に再度授業を振り返っていただく際に参考にしていただきたく一言、申し上げました。

簡単ではございますが、わたくしよりの挨拶とさせていただきます。ありがとうございました。

11月14日　予報通り朝から快晴温暖…ラッキーです。温暖だと子どもの動きもよいとのこと。公開授業ⅠとⅡはともに順調に終了。一通りみましたが先生方も子どももよい動きであったと思いました。小学部は元気、高等部は落ち着き、中学部はその中間。参観者は本当に多かったです。研究発表会、校長挨拶は緊張でお腹が痛くなりました。分科会も3つまわりましたが順調です。研究室の院生たちも高等部の分科会に参加してくれたので助かりました。反省会、二次会も楽しかったです。家では妻と娘が、次のように授業の感想を言ってくれました（さくらの授業と高等部の作業学習を見たとのこと）。

「教室に先生の机が無く、鴨居の上にラジカセが置いてあるのが印象的。遊園地・学芸会をやっているような感じ。子どもが可愛く、先生がタフであり、TTが機能しており、高等部の補助具は素晴らしい」。

11月15日　大学院の授業で研究室のOくんとMくんが感想を言ってくれました。Mくんからは介護で来たときは授業外であったので生徒たちの明るさが目についたが、今回は授業であったせいか、生徒たちの真剣さと真面目さが目についたとのこと。また健常者よりもよほど正確で粘り強い作業ができると思ったとのこと。

(2)　第42回研究協議会（2009年11月6日）の挨拶

1年前の経験をもとに、自分自身の子どもたちとのかかわり体験を研究協議会での挨拶の中心部分にしようとは思いました。とはいえ日常的には、校長が子どもたちと直接かかわる場面はそう多くありません。印象的なかかわり体験を無理につくり上げようとすることはそもそも非教育的です。そこで、自然にまかせて、何かの偶然で子どもとのよいかかわりができたなら、それを挨拶の材料にしよう、できなかったなら、ありきたりな挨拶でも心をこめてお話しすれば、皆さんに思いは伝わるはず、と思うようにしました。結果として練習バージョンと本番バージョンの2つの体験を組みいれた挨拶の原稿が完成しました。

練習バージョンは次の通りです。

皆様こんにちは。校長の船尾でございます。一言ご挨拶申し上げます。

1カ月前に完成いたしました新作業棟の建設にもご尽力をいただきました愛知教育大学学長、MM先生をはじめ多数のご来賓にご臨席たまわり、愛知県教育委員会様をはじめ多数の教育関係団体よりご後援をいただき、本日盛大に第42回障害児教育研究協議会を開催できましたこと、心よりお礼申し上げます

すでに皆様には公開授業Ⅰと公開授業Ⅱをご覧いただきました。本校の教職員は子どもたちが将来、自立でき、そして何より周囲の方々から可愛がっていただける人として育つよう、日々取り組んでおります。ご覧いただきました授業からそのことを感じ取っていただけたならば、それに過ぎる喜びはございません。

わたくしが本校の校長として過ごした時間はまだ1年半ほどにしかなりません。しかしその間に幾度となく喜ばしい場面に巡り会うことができました。それは、子どもが確かに成長した姿を見せてくれる場面なのです。

先月の19日のことです。東岡崎から名鉄バスに乗ろうとしますと、バスの運転手さんの左横、一番前

のいわば特等席に座っていた中学部2年生の女生徒が窓越しに「ヒデ先生」と手を振りながら声をかけてくれました。もちろんわたくしも手を振って「舞さん、おはようございます」と言いました。そのことはままあることでした。しかしその後の展開はいつもとまったく違っていたのです。バスに乗り込みますと、すでに座席は埋まっていましたので立っていますと、舞さんはせっかく座っていた特等席を他の人に譲って、わたくしの方に向かって歩いてきました。その表情は、輝いていました。きっとわたくしに何かを伝えたいのだな。そのような舞さんの欲求を感じました。舞さんは早口で話します。必ずしも明瞭とは言えない舞さんの言葉を聞き逃さないように、わたくしは耳を傾けました。舞さんはわたくしの腕をつかんで話をしてくれました。「昨日映画を観た。鉄腕アトム」。「どこで観たの」と聞きますと、「名古屋で」。そこでわたくしは鉄腕アトムの主題歌を歌いました。舞さんは驚いて、「どうして知っているの」と尋ねました。「鉄腕アトムは校長先生が子どもの頃にも人気があったんだよ」。そして2人で鉄腕アトムの歌を歌いました。

舞さんがわたくしに自ら何かを伝えようとする欲求をもち、行動した。バスの中のそのほんの短い時間は、わたくしにとっては初めてのことであり、実に喜ばしい瞬間でありました。

実はそのような瞬間、そのような場面を楽しみにして、本校の教職員は日々の教育活動を積み重ねているとも、わたくしは考えております。

簡単ではございますが、わたくしよりの挨拶とさせていただきます。ありがとうございました。

本番バージョンは次の通りです（黄色いメガホンを紐で首にかけたまま舞台に登場しました…）。

皆様こんにちは。一言ご挨拶申し上げます。

多くの方々に気づいていただいたと思いますが、本校の作業棟は美しく、立派に生まれ変わりました。ちょうど1カ月前に完成いたしました新しい作業棟の建設にもご尽力をいただきました愛知教育大学学長、MM先生をはじめ多数のご来賓にご臨席たまわり、愛知県教育委員会様をはじめ多数の教育関係団体よりご後援をいただき、本日盛大に第42回障害児教育研究協議会を開催できましたこと、心よりお礼申し上げます。

すでに皆様には公開授業Ⅰと公開授業Ⅱをご覧いただきました。本校の教職員は子どもたちが将来、自立でき、そして何より周囲の方々から可愛がっていただける人として育つよう、日々取り組んでおります。別の言葉で申せば、子どもたちを、日々心を込めて応援しているのです。ご覧いただきました授業からそのことを感じ取っていただけたならば、それに過ぎる喜びはございません。

わたくしが本校の校長として過ごした時間はまだ1年半ほどにしかなりません。しかしその間に幾度となく喜ばしい場面、素晴らしい場面に巡り会うことができました。それは子どもが確かに成長した姿を見せてくれる瞬間なのです。

現在高等部2年生のKくんは、本校には高等部から入学しました。すなわちKくんは昨年4月10日に本校に入学したのです。その昨年4月10日の入学式で、実は、わたくしは本校で初めて式辞を読みました。何しろ初めてのことですので、言葉が子どもたちに伝わるのかどうか不安をもちながら、わたくしは式辞を読み始めました。（この瞬間に足元に置いていた自作のうさぎの絵を手にとって皆さんにお見せしながら）「附養にはうさぎさんがいます…」と言ったとき、Kくんは確かに笑顔でうなずいてくれました。

その翌週、東岡崎駅のバス停でバスを待つ列の後ろにつきますと、Kくんが列の前の方におり、わたくしの方に振り向いて、右手をあげてはにかむような笑顔で挨拶してくれました。それ以来、Kくんはわたくしの顔をみれば、いつも同じように右手をあげてはにかむような表情を見せてくれました。いつしかわたくしは、Kくんを心の中で「附養のはにかみ王子」と呼んでいました。

2週間ほどまえ、10月21日のことです。三重大学教育学部附属特別支援学校との年に一度の交歓会に付き添いました。場所は四日市ドーム、主な内容は高等部同士のソフトボールの試合です。その試合、Kくんはリリーフピッチャーとして1イニングを投げ、3者連続三振をとったのです。Kくんには大きな自信になったと思います。

四日市ドームから本校に戻ってきて、着替えをすませた生徒たちの下校を校門のところで待っていたわたくしに、Kくんが自分から目の前まで近づいてきて、はっきりと声を出して「ひでせんせい、さようなら」と言ってくれたのです。はにかむような笑顔こそ同じですが、Kくんが自分から近づいてきて、声を出してわたくしに挨拶をしてくれたのは初めてのことでした。それは、附養に入学後1年半で、Kくんがわたくしに確かにみせてくれた喜ばしい瞬間、素晴らしい場面なのです。Kくんがなぜそれができたのか。おそらくわたくしが、本校の教職員および保護者とともに必死にKくんを応援したからだと自分では信じています。（実際に紐で首にかけていた黄色いメガホンを口元にあてて）こんな風に応援しました。「がんばれ、がんばれKくん。いいぞ、いいぞKくん」と…。これからも子どもたちを応援し続けることをお誓いし、わたくしの挨拶といたします。ありがとうございました。

(3) 第43回研究協議会（2010年11月12日）の挨拶

2回の経験をふまえて、今回もまた、可能ならば子どもとのかかわり体験を挨拶の中心内容にしようと思いました。しかし過去に話題にした守くんも舞さんもKくんも、日頃からわたしと比較的肯定的な関係をもっている子どもたちでした。2010年の研究協議会のテーマが「人とのかかわりを広げる子ども」となったことをふまえて、今回は関係が少しずつ強まった子どもについてお話しできればいいなと思っていました。結果として、次のような挨拶をすることができました。

皆様こんにちは。一言ご挨拶申し上げます。

愛知教育大学副学長、OK先生をはじめ多数のご来賓にご臨席たまわり、愛知県教育委員会様をはじめ多数の教育関係団体よりご後援をいただき、本日盛大に第43回障害児教育研究協議会を開催できまし

たこと、心よりお礼申し上げます

すでに皆様には公開授業Ⅰと公開授業Ⅱをご覧いただきました。どのような感想をお持ちいただいたでしょうか。楽しく、また真剣に活動する子どもたちをときに笑顔で支援し、ときに温かい表情で見守る教員の姿をみていただけたでしょうか。

現在小学部さくら学級2年生の和弘くんのお話をします。和弘くんは、入学式のときからその元気あふれる個性をいかんなく発揮しました。入学式では、さくら学級の新入生に校長から一人ひとり直接入学許可証を手渡すのですが、和弘くんはいったん受け取った入学許可証をわたくしに返してくれました。そしてその瞬間にこの舞台の上を、そしてそれどころか体育館じゅうを走り回ったのです。副担任の白井健教諭が追いかけます。一瞬にして入学式が運動会となり、まだ4月の初めなのに白井教諭は汗だくで和弘くんと走り回ります。嬉しそうな顔で和弘くんはかけまわり、それを追いかける白井教諭も笑顔であり、和弘くんの保護者の方も入学式の進行を妨げて申し訳ないという気持ちで戸惑いながらも、わが子の様子を優しい表情で見守っていらっしゃったように記憶しています。それどころかその場にいた皆が笑顔で待っていたのです。舞台の上で見守っていたわたしだからこそ確かに言えることであります。笑顔で待つ、それは本校教育の特徴のひとつであると、わたくしは信じています。

入学式から1年半、今では和弘くんは、たとえば給食を一緒に食べているわたくしの顔を見ると、逃げ出すどころか、「こうちょうせんせいおいしい？」というように笑顔で声をかけてくれます。わたくしがだらしなく椅子に座っていますと、「背筋をピン」と忠告してくれることもあります。ごく稀ですが、わたくしのことを「いい先生」、あるいは「いい校長先生」とお世辞まで言ってくれるようになりました。和弘くんとわたくしのかかわりあいも少しは広がったようです。

とはいえ、和弘くんとのかかわりあいがなぜ広がったのかは、目下さぐっている最中です。失礼いたしました。

第3節　修学旅行

(1)　小学部修学旅行（２００８年10月30～31日　奈良・京都方面）

10月30日　８時前に東岡崎駅へ。８時全員集合。挨拶、わたしが主に引率を担当する守くんの母親から「くれぐれもよろしくお願いします」との言葉をいただき、責任の重さを痛感しました。名鉄特急の指定席に乗ったのですが、６両編成を想定していたのが、４両編成だったので、乗車場所が大きくずれてしまい、保護者の方々との感動の別れができませんでした。申し訳ない気持ちになりました。名古屋、京都、奈良と順調に移動できました。奈良駅前での昼食（洋食）は量が多く、味が濃かったです。たまたま奈良では天皇皇后両陛下が来ておられて、大規模な交通規制が実施されていました。東大寺は広さのわりに、入口のところにしかトイレがないので、東大寺（大仏）見学の際には入口で

トイレを済ませるべきでした。若草山は子どもたちにはかなり急傾斜でした。しかし鹿を怖がる様子はみられなかったです。久也くんは鹿のフンを靴裏で踏むことにこだわっていました（帰りの近鉄電車が立ち往生したさいに、小林友美養護教諭が久也くんの靴の裏側を清掃なさっていました。フンはビニール袋に。ただし後日に聞いた話です）。奈良公園から戻るさい、天皇御一行との兼ね合いでタクシーを拾えず、急きょバスに切り替えました。あおい学級担任、峠尚良教諭の臨機応変の適切措置。奈良から京都までの近鉄電車は、途中人身事故で30分ほど立ち往生しました。しかし子どもたちは比較的静かでした。京都に着き、やや遅れましたが京都タワーも見学しました。ホテルの料理はとてもよかったです。デザートも最高。ホテルから徒歩で数分のお店に皆で出かけてお土産を買うことになったのですが（予定通りの行動）、守くんが「お母さんが喜んでくれるかな?」と本当に時間をかけてお土産を探しました。お店の方は「喜んでくれはるわ」とおっしゃってくださったので、守くんも納得。風呂は皆で一緒に入りました。守くんを洗ってあげました。夜は緊張してあまり眠れませんでした。

10月31日 予定通り起床、7時より朝食。朝食もとてもおいしかったです（和食風：豆と海苔とみそ汁）。そして清水寺から、金閣寺、そして太秦映画村で昼食（うどん）、そして映画村内のショッピングセンターにて買い物。他のメンバーがお土産を買っている間、守くんが手裏剣を投げるゲームをし

たいと繰り返し言い続けていたので、他のメンバーには内緒で手裏剣のコーナーで守くんに遊ばせてあげました（私的に３００円を出して）。当然、守くんはとても喜んでくれました（守くんはその後ずっと「手裏剣がよかった」と繰り返し話していたそうです。担任も母親もその意味がよくわからなかったとのこと…研究協議会での私の挨拶を聞くまでは）。花園駅では線路に人が入るというアクシデントで乗る予定の電車が到着せず、急きょタクシーで京都駅へ。なんとか間に合いました。またもや担任の峠教諭の見事な判断。幸い、東岡崎に予定通り帰れました。保護者の方々とともに近藤文彦教頭、小学部主事の小澤慎一教諭、そして田中文子教諭が出迎えてくださいました。

保護者と子どもの絆の強さも感じることができた修学旅行でもありました。

ドイツ教育学研究から⑪

親離れ、子離れ（Ablösung）

「親離れ、子離れ」は人の成長過程である。それはアイデンティティの形成にとって重要な意義を有する発達課題である。すでに誕生、そしてその後の離乳、歩行の学び、自分の意志の発達（反抗期）等は徐々にすすむ両親からの独立へのステップなのである。親子関係におけるより多くの独立性・自主性へのあらゆる発達は、自分の人生や個性のコンセプト構築に寄与する。徐々に、かつ長期にわたって進行する「親離れ、子離れ」においては、さまざまな外的過程と内的過程が絡み合っている。すなわち子どもは外的に両親から離れ、ひとりで遊び、友人たちと出かけ、自分の関心を追求し、そして最後には家を出る。一方で、子どもはまた、乳幼児期の共生関係から離れ、そして独自の考え、方向づけ、評価尺度および行為様式を発展させる。そのことはしばしば、そして何よりも思春期に世代間の対立を伴いつつおこる。

多くの社会制度がその「親離れ、子離れ」過程を支える。したがって、自主性・独立性は不断に伸長する。しかし知的障害者にとって、「親離れ、子離れ」は特別な挑戦である。知的障害者は、自分の居住範囲外の特別な施設を訪れるときであっても「親離れ、子離れ」を比較できる形で練習して覚え、そして徐々に成し遂げることはできない。

- すでに幼稚園において子どもたちは普通の場合、道をひとりで歩き、最初の友人をみつけ、そして友だちと何かをすることを学ぶ。しかし知的障害児はたいてい送り迎えされ、その自主性の伸びは微々たるものである。
- 健常児は通例、学校に親を伴わずに通い、友だちの範囲を相当に拡大し、おこづかい（お金）を持つこともある。障害児はたいてい送迎され、そして自由時間の接触もまたほとんどが組織されたものである。
- 青年期においては、親しい友人グループが重要である。親の統制のない接触は自己の見方の形成に役立つ。しかし知的に障害のある青年はそのために支援を必要とし、そしてそれゆえそこでもまた相当に外から統制されている。同様のことは休暇中や余暇についても当てはまる。知的に障害のある青年は、限定的にしか独立性や自己の関心を検証できない。

● 勤労の場の自由な選択は理想的には自己決定による人生、自分の住まい、そしてパートナーとの暮らしを可能とする。知的障害者の働く場は何より作業所であり、そしてそこでの収入は現実には自立的生活を可能としない。実家から出ることもしばしば（役所の協力のもとで両親、専門家によって）外的に統制されたものであり、しかもたいていかなり年齢を重ねてからである。

知的障害児をもつ親にとってもまた、「親離れ、子離れ」は特別な課題である。そのような親は子どもとの共同生活の経過のなかで、子どもが親である自分たちに特に依存しているということを受容するようになっている。そのことは、離れることを困難にする。というのは、そのような親は、専門的なコーチがどれほど適切にわが子を介護するのかを、決して確信できないからである。そのうえ、障害児はしばしばその親の中心的生活内容になっている。親は「親離れ、子離れ」をすすめることで自身を新たに方向づけねばならない。さもないと、その親は息子あるいは娘をともかく可能なかぎり手元においておくこととなる。しかもそのような親は、たとえば施設への転居を自身の（成人している）「子ども」のために志向するとき、お役所に理由づけてもらい、そして弁明しないと気がすまない。そのようにして、「親離れ、子離れ」がむしろ積極的な意義を有する子離れであると体験されるように。

知的に障害のある多くの若者たちはなるほど、可能な限り多くのことを自分で決定し、そしてまた両親から独立したいということを示すが、しかしたいてい家庭から出ることに自信はない。それゆえ、親が「親離れ、子離れ」を能動的におこなわねばならない。しかし自ら「親離れ、子離れ」のために積極的にならなければならないということは、二律背反の感情を引き起こすに違いない。そしてそのことは自己の役割の新たな定義、責任の放棄を要求する。

知的障害者の「親離れ、子離れ」の成功は、重要な発達上の意義を有している。したがって、そのための十分な条件を生み出すことは教育的課題である。そのことは、何よりも次のことを意味する。
① その際、両親を、共同生活の開始に際して自分の子どもと、後に離れることもまた可能にする関係を築くよう支援すること。そのために早期促進が貢献しうる。
② 知的障害児に、同年代の子どもたちと接触し、そして可能な限り普通の施設のなかで段階的な「親離れ、子離れ」を練習して慣れさせる機会をできるだけ多く与えること。
③ 両親と知的障害者の「親離れ、子離れ」を、両親が専門家による支援を信頼できるようにすることで容易にすること。専門家は、わが子の人生の第1段階で両親によって気づかれていた課題を部分的に引き受けねばならない。

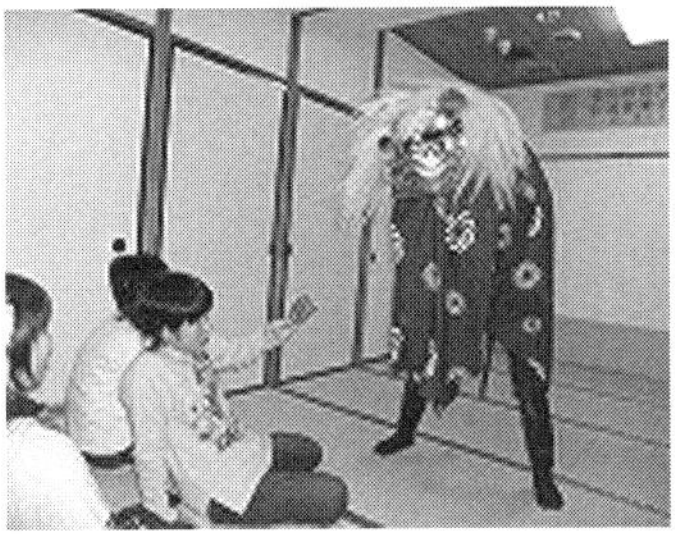

(2) 中学部修学旅行（２００８年11月26日〜28日）

11月26日　朝7時15分頃に東岡崎駅に到着。全員遅れることなく集合しました。7時半から「行ってきます」の挨拶。名鉄で豊橋へ。その後新幹線で東京。舞浜からディズニーランドへ。快晴・温暖で助かる。昼ごはんの後、スター・ウォーズのようなのに乗るが気分が悪くなり、わたしだけスペース・マウンテンは放棄。しかしプーさん、カリブの海賊、ホーンテッド・マンションには参加。パレードに子どもたちは夢中。16時半頃ディズニーランドを後にして、上野のホテルへ。夕食は揚げ物が多く、改善が必要。ただしホテル側の誠意は感じた。夕食後の出し物では専務さんが玄人はだしの芸（南京玉すだれと獅子舞）をみせてくださった。子どもたちに大受け。お風呂では哲男くんを洗ってあげた。夜の反省会では白井教諭から教員の苦労をお聞きする（睡眠時間の短さ、研究授業に向けて教材や教具購入のための苦労等々）。

11月27日　昨日から一転、冷たい雨。晴美さんが微熱（嘔吐）。でも小林友美養護教諭の判断もあり、そのまま一緒に行動することに決定。上野からメトロで浅草へ。浅草寺でお参りをし、その後、水上バスとゆりかもめを使いお台場に移動。水上バスのなかでは朋絵さんがノートをみせてくれました。漢字の練習帳でした。

かの女が繰り返し、丁寧に漢字を書いていることがわかりました。読む練習もしています。しばらく朋絵さんの漢字練習につきあいました。昼食後、「ソニーエクスプローラーサイエンス」、そしてフジテレビへ。その後、ゆりかもめとタクシーを使い東京タワーへ。東京タワーで買い物をして、タクシーと山手線でホテルに戻りました。ホテルは連泊。お風呂で哲男くんを洗ってあげました。夜の反省会で先生方と研究のことなどを話しあいました。

11月28日 上野から山手線で原宿まで。徒歩でNHKスタジオパークへ。スタジオパークでは子どもたちは大いに楽しみました。その後徒歩で渋谷へ。そこで昼食。そして山手線で品川へ。品川から新幹線で豊橋へ。予定通り、東岡崎に戻りました。教頭や保護者の方々のお迎え。中学部の先生方も来てくださいました。疲れましたが、充実した修学旅行でした。

12月1日 久しぶりの附養。午後は修学旅行に一緒に行った中学部3年生の教室に行きました。先生方と生徒たちは教具の片付けをしていたので、わたしもお節介で手伝ったのですが、上着にほこりがついてしまいました。そのことに気づいた緑さんと朋絵さんが丁寧に払ってくれました。日頃の関係からして想定外に緑さんが真剣に払ってくれたのには感動しました。やはり2泊3日一緒に過ごしたためだと思いました。夕刻からの職員会議では、修学旅行の感想で、「子どもたちを愛しているよ、楽しませてあげるよ」という生身の人間の姿勢が、ディズニーランドのアトラクションよりも子どもたちを惹きつけるという事実を体験したことを話しました（獅子舞や南京玉すだれを演じ、子どもたちから喝さいを浴びたホテルの専務さんを念頭に）。

ドイツ教育学研究から⑫ 〝ABC〟から教える（Alphabetisierung）

「文字の発生史はいくつかの点で言葉の発生史に類似する」（クリックス）。しかし、文字は言葉によるコミュニケーションの限界を打破することを可能とした。アルファベットによって、人間の思考の潜在的多様性を記号で表現する道具が発見された。人間の思考の成果および対象としての文字が発生したのである。

今日、文字言語的能力の熟達は、近代的工業国家において高く評価される「文化的資本」であるとみなされている。

読むことを、文字記号を音声記号に翻訳し（再符号化）、そして続いてその文字言語にある意義を与える（解読）能力であると説明することはできない。読むことは、記号から意味を引き出すことである。その際、文字の知識、分析と総合の能力、記号を何か他のものを代理していると認識する能力は、読むことの前提であるだけでなく、その過程自体のなかで形成される。読むことは、獲得された「意味論的網」、つまり概念体系のなかで〝勝手がわかっている〟ことなのである。

「〝ＡＢＣ〟から教える」という概念は15歳以上の成人の読み書き能力の媒介および獲得に関係しているが、幼少年期においては「文字言語能力の獲得」という概念が優先される。「文盲」は相対的概念である。ある人物が文盲であるかどうかは、その人物の個人的な読み書き知識にのみ依存しているわけではない。それ以上に、どの程度の文字言語熟達が、その人物が生活している具体的社会の内部で期待されているのかが考慮されなければならない。個人的知識が必要な、そして自明であると前提されている知識よりも僅かであるとき、それは機能的な文盲である。「機能的な文盲」という概念は、その歴史的・社会的関連における実際の文字言語的熟達度と必要ないし期待されている文字言語的熟達度の間の関係を考慮している。

しかし、人々の読み書き能力に関する正確な調査が欠落しているゆえに、ドイツにおける機能的文盲の数のさまざまな査定は４００～７００万という数値を示している。

知的障害とされ、そしてたいてい特別支援学校に通っている人々はかなりの度合いで文盲である。授業経験から、次のような個別化がおこなわれている。「１．字面を、さらに文字を音声として解釈することがまったくできない子どもの数はかなり少ない。２．一定の名前や住所や看板をいつでも認識し、かつ解釈できる子どもの数はかなり多い。３．新しい字面や文章を読みとることができる子どもの数はかなり少ない」。

知的障害児のための最初の学校が設置されて以来、授業単元案は明白に感覚運動的・生活実践的・

社会的能力と習熟の獲得に集中していた。「文化技術」の獲得はその種の学校においては副次的役割しか果たしていなかった。論議は１９７０年代末以降、拡大された読み概念の文脈のなかでおこなわれている。その概念は「状況を認識ないし再認識すること、絵を読む、シンボルを読む、記号的言葉を読む、完全な言葉を読む、分析、総合、簡単な文章の読みとり」という諸段階を含んでいる。現代的な論議を規定しているその他の段階モデルは相当に忘れられている。つまり殴り書きや模倣段階、散文的段階、音声的段階（最初はぎこちないけど、徐々に明瞭になる）、正字法的段階（最初はぎこちないけど、徐々に明瞭になる）のような一連の局面をもつコンセプトである。

依然として、「知的障害」の諸条件のもとでの文字言語能力の発達をより厳密に示す経験的調査結果は欠落している。

文字言語能力の獲得において、「自己を表出する水準」が考慮されるべきである。つまりあらゆる水準において、相応に「自分自身との関係、重要な他者との関係、そして対象的現実との関係のバランスから出発されるべきである」。個体発生のなかでは、さしあたり「振り向けられた注意の過程」が、つまりどの対象に注意が向けられるのかが、人格発達的に重要である。その際、「さまざまな対象と言語的要素が直接的、感覚運動的状況のなかで道具として」利用される。２歳以降「自分の行為が直接的状況から離れる」とき、「子どもは自分の活動を、象徴レベルでの出来事表出にまで広げる」。その際、遊びのなかでさまざまな役割が引き受けられ、そして言語が急速に発達する。

その後、就学前期においては、世界の、とりわけ重要な他者の象徴的表出および本来の自分自身が拡大される。その際、社会的役割と規則の認識に意義が与えられる。小学校入学とともに、「象徴的・相関的表出水準」の発達がみられるようになる。その際、多くの生徒において「規則の構築に際して、従来獲得されている出来事の象徴的表出の水準にかかわって、知覚された現象と規則作成・規則保持の操作を十分には分離できない」という問題が生じる。その場合、とりわけ文字言語能力の獲得はきわめて困難である。「学校での学習の前提は、本来の自己、重要な他者および対象的現実にかかわる、さまざまな規則によって制御された内面世界への移行である。内面世界は象徴的に結合され、そして、それを提示する新しい技術（算数、読み、書き）によって整理される。その過程の表出は、それが経験に支えられ、そして自己の行為によって生じる場合、確かに成功する」。とりわけ知的障害とされる子ども、青年、そして大人の場合には、高次心理過程の形成が、劇化、つまり遊びを介して、そして概念形成ないし言葉の制御機能の考慮のもとで、成功しうるということが示されている。ヴィゴツキー流の理論にもとづいて成立した発達定位的読み書き教授のコンセプトにおいては、一方ではまず大人について、いかにして文字言語能力が獲得されうるのかが示され、他方ではより年少の子どもについて、いかに文章や精選されたまとまった言葉が言語構築とコミュニケーション能力を支援することができることが示されている。発達定位的読み書き教授もまた一連の局面に定位している。すなわち意味付与的音声による文字の獲得、音節訓練、単語の習得、活動のための言い回しの習得という局面にである。子ども、青年ないし大人の動機づけレベルや定位基礎の考慮のもとでのみ、教授・学習の対象（文章）との自己活動的対決は可能となる。子どもの音声言語能力も、選択的あるいは組み合わせ的記号体系およびさまざまなコミュニケーション形態（たとえば身振り）もまた知的行為の内面化を支援する。

〝ABC〟から教えること、ないし文字言語能力の獲得は、知的障害者とよばれる人々にとって、大きな意義がある。一方では変革された教授学にもとづいてすでに児童・生徒期の間に文字言語的単元案が与えられ、他方では成人教育に相応の役割が認められます。徹底的に対話的な教育学として構想されたパウロ・フレイレの「〝ABC〟からの教育」は、〝ABC〟から教えることはそれが文字言語的能力の獲得のテクニックとして理解されず、かえって重要なテーマの考察の共通的、対話的、かつ協同的過程として理解されるとき成功する。〝ABC〟から教えることのさまざまなコンセプトと方法は、きわめて多様な理論ないし実践経験にもとづいている。

(3) 高等部修学旅行（2009年11月24〜27日）

11月24日 高等部3年生の9人（1人はやむを得ない事情で参加せず）と九州方面への3泊4日の修学旅行に出発。7時半に東岡崎駅集合。名古屋駅から「のぞみ」で博多まで乗車。3年前の中学部修学旅行の際に新幹線になかなか乗車できなかった慎平くんも、今回はまったく問題がありませんでし

た。途中、広島駅で駅弁を食べました。トランプカードの遊び（ばば抜き）にも加えてもらいました。博多駅でハウステンボス号に乗り換え。ハウステンボス駅に定刻に到着しました。列車に乗っている間は途中弱い雨が降っていましたが、ハウステンボスでは雨はやんでいます。他の観光客は少なく、ほとんど貸し切り状態でした。最初の洪水のアトラクションを筆頭にどのアトラクションも音響が激しく、自閉の子たちには厳しかったもよう。耳栓が必要かもしれません。ホテルは最高、感激しました。今回は、子どもと一緒の部屋で寝ることができました（この日は茂男くんおよび鴻志くんと）。

11月25日 修学旅行2日目、お昼頃には気温は20度を超え、温暖で助かりました。吉野ヶ里遺跡公園は思っていた以上に広く、弥生時代の国と文化がそこに確かにあったことがわかりました。生徒たちはやぐらに登ったり、弥生時代の衣装を着たりして楽しんでいました。その後、阿蘇山の草千里へ。馬には2人（慎平くんと麻衣子さん）が乗れなかったのが残念。標高1000mの場所、しかし思っていたほど寒くはなかったです。そこに、熊本に実家がおありの高橋香講師がわざわざ来てくださいました。生徒たちは大喜びでした。その後、阿蘇山のホテルへ。温泉を満喫。同じ部屋で寝たのは茂男くんと文彦くん。

11月26日　快適な朝風呂とともに修学旅行3日目が始まりました。午前中、阿蘇山の大観望へ。快晴・温暖で驚きました。絶景を満喫しました。その後カドリー・ドミニオンへ。楽しいショーをみたり、犬と触れあったりした（久しぶりに犬に顔をなめられました）。クマにもえさをあげたり、赤ちゃんクマを抱っこしたりしました。午後は猿回しの観賞。生徒たちにはおお受けで、演技者の方には喜んでいただけたようでした。その後、別府へ。地獄巡りで2カ所見学しました。足湯も初体験。ホテルでは「空中露天温泉」に入りました。入浴後、夕食時間が「宴会の場」になりました。子どもたちの多くは附養卒業後、就職します。職場では慰安旅行もあるでしょう。その練習です。わたしは社長役、付き添いの校務主任、和田保彦教諭は部長です。担任の加藤鋭之教諭は課長、副担任の竹山伸幸教諭は係長でしょうか。全員浴衣を着て、ジュースで乾杯をし、歓談しました。生徒たちは、わたしにもお茶やジュースを注いでくれました。カラオケ大会では生徒全員が歌いました。この日、同じ部屋で寝たのは鴻志くんと文彦くんです。

11月27日　やはり快適な朝風呂とともに修学旅行4日目、最終日が始まりました。地獄巡り（6カ所）、やはり足湯も体験しました。巨大なワニに驚きました。その後、「うみたまご」でセイウチのショーを楽しみ、初めてセイウチに触わりました。「うみたまご」は一見の価値があります。その後、別府駅からソニック号、博多駅から「のぞみ」で名古屋に戻りました。皆元気です。名古屋では教頭、尾崎淳一教諭、峠尚良教諭が出迎えてくださいました。慰労会のあと帰宅は21時過ぎ。昨年度の修学旅

行に比べて疲れは少なかったです。
九州横断の旅を案内してくださったバスガイドさんは、別れ際に「卒業なさっても、ずっと素直で明るいみなさんのままでいてください」とおっしゃってくださいました。バスガイドさんは初対面の生徒たちの名前をすぐに覚えてくださり、子どもたちと楽しく対話しながら案内をしてくださいました。しかも、いわゆる案内すべき内容もしっかりとお話されたのです。まだ若い方でしたが、信じられない力量をお持ちのガイドさんでした。

(4) 修学旅行の意義

子どもたちと楽しく過ごした修学旅行、もちろん校長としては子どもたちの安全と健康には注意しました。ですから、引率する者、付き添う者は心身とも健康であることが絶対条件です。また、無責任に単純に「楽しかった」と報告すべきではないと思います。しかし「楽しかった」ことは間違いありません。また修学旅行を通して、いろいろなことを学ぶことができました。何といっても子どもたちとの絆が強まりました。そして学校ではなかなかわからない子どもたちの一面に気づくことがありました。基本的には仲のよい子どもたちのなかにも、対抗心があることがわかりました。おおらかに見える子どもが、意外と傷つきやすいことも知りました。子どものアイデンティティというものについて考えました。

アイデンティティ（Identität）

いわゆる知的障害者は、現在でもなお、しばしばアイデンティティ形成のための能力、とりわけ具体的アイデンティティ形成方略の構成は認められていない。その見解の結果として、知的障害者を「アイデンティティ無き人」と断定してしまうことになる。そのような基本態度は、アイデンティティを、もたらされるべき個人による達成であると定義する見方から生じている。しかしアイデンティティは個性の形態としてもまた理解することができる。個性の形態は、社会的相互作用の文脈のなかでの自己経験を介して刻印される。したがってあらゆる人間個人は、自己反省のための個人的前提や可能性とは無関係に、アイデンティティを有している。すなわち知的障害者にもまた「アイデンティティ能力」がある。個々人の相違はアイデンティティ体験の領域においてのみ存在する。アイデンティティ体験によって自己との意識的な経験可能性と対峙が考えられる。そのことについて言えば、個人的前提や興味とは無関係である。

特に知的障害者について、無意識ないし半意識的アイデンティティ構造の関与が基本的に大きいと推測される。したがって、あらゆる介護者の第一次的関心事は、知的障害者におけるアイデンティティの無意識な部分を意識にのぼらせる（たとえば、伝記研究によって）ことであるに違いない。そのことは、さまざまな生活経験の、個人的継続性と一貫性の体験への統合を介しておこなうことができる。さまざまな経験における関係構造を明確に意識にのぼらせるとき、最終的にアイデンティティの体験を可能とする総合遂行が活性化される。

さまざまな研究成果は、20代の知的障害者がますます自己の状況、ないし自己の「障害体験」と対峙するということを確認している。周囲との対峙のための（建設的）方略の有効性がおそらく限定的であるゆえに、20代の知的障害者は事情によっては、そのようなアイデンティティに係る対峙において支援を必要としている。主観的「障害経験」は、ここでは決して「障害者アイデンティティ」の認識に導くことはない。その経験は、当該の人物が自己補整的かつ自己調節的に自身の「自我－環境－システム」のなかに統合せざるをえないさまざまな障壁の形で引き起こされる。その形の「統合」が成功するとき、それはさらなる建設的アイデンティティにとっての基盤を内包している。それゆえに、「障害経験」と「障害者アイデンティティ」の発達の因果関係は確認することはできない。逆に「障害経験」は、最終的に獲得的アイデンティティへと導くさまざまな要請を具現化することができる。そのアイデンティティ状態に至るために、事情によってはある形の能動的支援が必要かつおおいに役立ちうるとはいえ、その状態は相対的に安定した状態である。それはさまざまな問題状況や危機との建設的対峙のなかで生じ、そして結果として自ら決定したアイデンティティへと導く。

第4節　附養での2学期モンタージュ（9〜12月）

9月4日　午後3時半より研究全体会。研究協議会に向けての話し合い。わたしは「否定せず、むしろ肯定する姿勢が大事」だと話しました。「否定はゼロだが、肯定は無限に拡大できるから」と。

9月11日　午後2時半よりの職員会議では、小川洋子さんと河合隼雄さんの対談を掲載した本『生きるとは、自分の物語をつくること』（新潮社、2008年―小川洋子さんの『博士の愛した数式』を読み、感激していた余韻で購入し、読んでいたのですが…）から引用して、子どもたちと同じ力で接することの重要性を話しました。引用箇所は次の通りです。

「小川：私、先生のご本の中で印象深かったことがあるんです。京都の国立博物館の文化財を修繕する係の方が、例えば布の修理をする時に、後から新しい布を足す場合、その新しい布が古い布より強いと却って傷つけることになる。修繕するものとされるものの力関係に差があるといけないとおっしゃっているんです。

河合：そうです。それは非常に大事なことで、だいたい人を助けに行く人はね、強い人が多いんです。

小川：使命感に燃えてね。

河合：そうするとね、助けられる人はたまったもんじゃないんです。そういう時にスッと相手と同じ力になるというのは、やっぱり専門的に訓練されていないと無理ですね」（同書14頁）。

9月16日　夕刻からの指導案審議に参加。わたしは「文章は読む人にどう伝わるのかを意識してください。求める姿に向かう動機づけや欲求の喚起を考えてほしい（たとえば「ありがとう」の一言が人を動かす）、もっとダイナミックに授業を仕組んでほしい（8月に放送された「24時間テレビ」でみた仲間由紀恵さんと某特別支援学校のコーラス実践を紹介）と話しました。

9月18日　9時10分より教育実習事前指導の一環として校長講話を行いました。専攻科に属する16名の実習生は全員「大人」でした。全員すでに教員免許をもち、なかには現職の教員の人もいます。当然、落ち着きがあります。「時間を大切に。子どもの尊厳を大切に。子どもの名前を覚えて子どもの目線で。すっと相手と同じ力になることが重要」と話しました。

10月2日　午前10時50分より高等部2年生の外食学習（子どもたちはレストランなどで、食べたい物の注文から代金の支払いまで一人でおこないます。もちろん担任と副担任が適宜、支援します）に付き添い、30分ほど歩いてレストランに着きました。途中、子どもたちは一列になって整然と歩き、そしてすれ違う通行人に挨拶していました。最初は怪訝な顔をなさっていた通行人の方にも笑顔がありました。自然な挨拶は気持ちいいものです。附養に戻ってから運営連絡会議と職員会議を開きました。職員会議ではこの間、地域のいくつかの学校で見学した運動会や体育大会を引き合いに出して、「やらされている活動か、やっている活動かを見抜くことの必要性」を語りました。また子どもたちが外食学習に出かける途中、通行人に挨拶したことについても言及しました。

10月11日 土曜日でしたが、恒例の親子スポーツ大会で出勤。午前中は先の運動会においてすべての子どもによって演じられた「チームで金メダル」を親子で競演。その後、体育館でおこなわれた高等部のビンゴゲームに加えていただきました。午後はボーリング場にでかけてボーリングをやりました。とても楽しかったのですが、疲れました。午後4時過ぎに下校。職員にも定時で帰るようお願いしました。今日は「ノー残業デー」です。

10月16日 午前中、小学部の絵を描く会の様子を見学。その後高等部のソフトボールの練習をみました。楽しかった。午後は研究協議会の司会者、助言者の先生方（全員附養の旧職員）の出席をえて、研究全体会でした。先輩の先生方からは厳しい助言もいただきました。

10月20日 月曜集会（小学部）を担当しました。紙飛行機や紙風船を準備しました。しかし、小学部の子どもたちをひきつけるのは難しいです。その後ソフトボール（高等部）を見学。昼食時、崇士くんが欲求不満気味。もっと褒めることができないのでしょうか。午後は中学部の作業学習を見学しましたが、ちょうど終わりかけの時点だったので明日以降に応援すると約束。のどが痛み、体がだるいので夜病院にいきました。37度3分程度の発熱。

10月23日 午前中短時間、中学部の作業学習を見学。整然と仕事をしているのに感心しました。その

後、小学部の遠足（岡崎東公園、動物園あり）に付き添いました。祐二くんが鳩など生き物（動物）をとても怖がることに驚きました。

10月27日 朝、図書室でおこなわれた中学部の生徒会役員の任命式に出席。図書室の窓から校庭の紅葉を指さしながら、仁志くんに「あの木の葉は何色になっていますか」と問いました。すると仁志くんからは「オレンジ色」という反応がありました。それを受けて紅葉の秋について話しました。その後、全員で窓から外を眺めました。近所の三島小学校の児童が来校し、小学部の子どもたちと交流しました。昼食も一緒に食べました。午後3時から修学旅行の打ち合わせ。午後5時から研究協議会の発表会の練習。

11月18日 学長と事務局長に本校の卒業生を大学で雇用してほしいとお願い文書を発送しました。その文面は次の通りです（学長はただちに前向きに対応してくだり、その結果として、2年間の現場実習を経て、2012年4月より1名が雇用されることとなりました）。

前略　附属特別支援学校の舩尾でございます。この間、財政厳しき折にもかかわりませず、本校にたいしても多大のご支援いただきありがとうございます。

お願いの上にお願いを重ねますこと心苦しいのですが、本校の生徒の就職指導にかかわることでございますので、どうかご検討のほどよろしくお願い申し上げます。

本校では毎年、高等部をおよそ10名の生徒が卒業いたします。最近は知的障害者の雇用にたいする理解も深まり、状況は多少良くなってきていると聞いております（最近の金融危機は心配ですが…）。とはいえ進路指導主事の日々の献身的な活動にもかかわりませず、約半数の者しか一般企業には就職できません（他は福祉作業所です）。

なかには「愛教大の附属学校なら愛教大での雇用が先決だ。愛教大に1人も雇用しないで、本社に雇用を求めるのは筋違いだ」というような生徒の責任ではないことを理由で雇用を断られるケースもあると聞いております。

…近年は本校と同じような知的障がい者のための特別支援学校を併設する大学が卒業生を雇用するケースも増えてきております。

附属小学校および特別支援学校の清掃員というような形の雇用等から始めていただいても結構かなと思います。どうかご検討のほどお願い申し上げます。

詳しい事情につきましては、必要に応じて本校の進路指導主事から回答いたします。ご多忙は重々承知しております。どうぞよろしくお願い申し上げます。　不一

12月2日　午前中は、サンタさんに扮し小学部のクリスマス会に参加。わたしはサンタ風の衣装を着て、白い髭をつけて、トナカイの衣装を着た2人の小学部教員に引かれたソリに乗って子どもたちの前に登場しました。「みんなの優しさへのプレゼントです」と話しました。午後は、静岡大学で行われた日本教育大学協会東海支部の会に参加しました。特に、以前から交流している三重大学附属特別支援学校の校長先生との話がはずみました。

12月4日　朝の打ち合わせで、日報（日報は教務主任が子どもの登校する日には必ず発行します。A4用紙1枚のなかにその日の予定のほか、時事問題や職員へのメッセージがわかりやすい言葉で書かれています。2008年度の日報は柴田昌一教諭によって「附養歳時記　熱く・素直に・温かく」というタイトルがつけられていました）に書かれてあった木星と金星についての話題（「※夕方、月を見てください。近くに金星「マイナス4・7等星」と木星「マイナス2・8等星」が輝いていますよ」）に合わせて、1994年7月におけるシューメイカー・レビー彗星の木星衝突の話をしました。重力の大きい木星と土星が多くの彗星や大きな隕石を引きつけてくれ、地球への衝突を防いでいるという話にかかわらせて、先生方は子どもにとってそういう存在でいてほしいと話しました。翌日の入試のための会場点検はいつものように丁寧になされていました。公平な試験が行われるように、子どもの気を引きうるものを極力隠す努力が必要であることを、近藤教頭から教えていただきました。最後の打ち合わせでは予想される雨で交通機関に支障があった場合に、臨機応変に受験者の立場にたって対処するようにお願いしました。

12月5日　今日は附養の入試です。面接を担当しました。保護者の方は附養の教員の姿勢および少人数教育を支持なさっていることがわかりました。判定会議では、職員は多くの情報を提供し、率直に自分の意見を述べていました。とてもよいことだと思いました。朝9時から夜9時までかかりましたが、充実していました。

12月8日　朝、大学の附属学校課で入試結果を報告しました。その後、岡崎の図書館に出向き、図書館学習中の中学部と合流しました。完成したばかりの近代的で、美しい岡崎の図書館では、子どもたちは熱心に絵本や紙芝居を読んでいました。その後、図書館近くの中華レストランで昼食。その後、徒歩で附養に戻りました。

12月9日　午前中、まず小学部の梅園小学校との交流を見学、続いて中学部の駆け足、さらに高等部のボーリング大会を見学（副校長に連れて行っていただく）。昼食では栄養士の亀井睦美さんが油を使わないポテトチップスをつくってくださる。さっそく波田章博教諭は崇士くんにジャガイモを食べさせるため、ポテトチップスを使っていました（魔法の支援）。

12月11日　朝、いつものように中学部の生徒と挨拶（附養の玄関のところで中学部の生徒たちは清掃活動をしています）。秀光くんに挨拶したが、返事はなし。学級担任の神戸勝一教諭のお話では、「秀

光くんは自分が先に挨拶しないと嫌なのだとのこと」。勉強になりました。午後1時半から運営連絡会議。午後2時から研究全体会。冒頭、教頭から某教育長から附養の授業がイベントになっており、奇をてらっているとご指導いただいたという趣旨の報告がありました。そのことを念頭において、わたしは研究全体会の最後に「附養の授業は子どもを高めるのみならず、社会へのアピールです。つまり社会は知的障害者にこう対処してほしいという要請なのです」と述べました。

12月13〜14日 職員研修旅行、横浜（八景島、中華街、桜木町ワシントンホテル）と鎌倉で研修をしました。八景島のショッピングコーナーでシロクマくんに出会いました。そのときは、シロクマくんがその後、附養で大活躍し、わたし自身が「シロクマ校長」と呼ばれるようになるとは想像もできませんでした。しかし、わたしがシロクマくんを手に持って、買うかどうか迷っているとき、ある教員からかけていただいた「また何か企んでいるのですか」という声が頭の中に残ったことは事実です。

12月15日 読み聞かせの会、担当していただいた先生より本の選び方が重要であること、子どもの特性をよく聴いてから準備することなどをお話しいただきました。

12月16日　朝の打ち合わせでは、「読み聞かせの会」で学んだことを話しました。終業式では、子どもたちがよく食べ、よく走り、よく笑ったことを褒め、笑ったら皆が楽しくなることを指摘しました。2学期最後の職員会議では研究協議会が一番の思い出であることを述べ、職員のチームワークのよさを指摘。冬休み中、健康に留意するようにお願いしました。

第4章 3学期

第1節　卒業生を送る学芸会（2月14日）

学芸会をおこなわない一般の小中学校も増えているようですが、附養の学芸会（正式名称は「卒業生を送る学芸会」）は2月中旬におこなわれています。11月の研究協議会の終了後、附養のある旧教職員の方から、「これから担任の先生方は学芸会の台本作りに取り組むことになります」との話をお聞きしました。また附養の別の旧教職員の方からは「最初、『学芸会』とすべきか、『卒業生を送る会』とすべきか職員会議で論議しました。最終的に2つの言葉とも生かすことになりました」との話を耳にしたこともあります。学芸会で子どもたちは育ちます。学芸会で子どもたちは個性を輝かせます。より正確にいうならば、学芸会で一人ひとりの子どもが育つよう、輝くよう、教員は台本を書き、職員会議で検討し、修正し、練習し、そしてまた修正します。台本はときには十数版を重ねるのです。初版と完成版ではずいぶん違っています。また附養の学芸会の台本には汚い言葉や侮辱する言葉は書かれていません。悪い人は登場しません。作品によっては、けんかや対立のシーンもありますが、最後には必ず仲直りをします。

1月7日　第3学期始業式。その始業式で初めてシロクマくんが子どもたちの前に登場しました。わたしは、シロクマくんに舞台上でインタビューをしました。なんとシロクマくんは、「附養の学芸会をみるために、北極からやってきた」と答えたのです。子どもたちは笑い、驚き、「学芸会は2月14日です」とシロクマくんに教えてあげたのです。シロクマくんは学芸会本番の日に再びやってくることを約束し、帰っていきました。始業式の後、望月副校長から、「学芸会の日には必ずシロクマくんを登場させましょう」との助言を得ました。

1月26日 午前中に高等部2年生の学芸会練習をみました。題目は「ユタと不思議な仲間たち」です。慎平くんの衣装がとても可愛かった。高等部主事の齋藤慎吾教諭の、「慎平くんは学芸会が大好きだ」、「学芸会の日は楽しいということを知っている」、「子どもをシナリオに合わせるのでなく、子どもにシナリオを合わせる」、「そのようにしてシナリオをどんどん変えていく」というようなお話が印象的で、勉強になりました。

1月29日 朝の打ち合わせで、望月副校長の学芸会に関する意見を聞くことができました。「大道具があまりにも迫力があることで子どもたちが目立たなくなっている点があるような気がする。主役は子どもであることを忘れないように」とのお話しでした。納得。

2月2日 午前中は中学部の学芸会試演会。多くの保護者の方々もご覧になっています。保護者の意見を聞いて、台本や小道具・大道具を修正するとのこと。午後は高等部の試演会をみました。望月副校長と近藤教頭がその場で次々と修正すべき点を指摘。すごい能力です。

2月10日 学芸会予行。残念ながら、わたしはみることができませんでした。

2月14日 学芸会本番。雨も午前8時頃にはやみ、急速に晴天に。しかも温暖（結局、最高気温は19度）で本当に助かりました。予定通りシロクマくんが登場し、挨拶は意識的に短くしました。こんな感じです。

おはようございます。素晴らしい演技をみたとき、みんなはどうしますか？　そうです拍手をしますね。ではシロクマくんと一緒に拍手の練習をしましょう。（ところが、シロクマくんの腕が短くて、拍手にならずお腹を叩くようなかっこうになってしまいました。そこでとっさに）タヌキじゃないんだから、お腹叩いてどうするの？（わたしのこの言葉に子どもたちは爆笑してくれました。）気を取り直してもう一度練習しましょう。拍手！（今度はシロクマくんも拍手をしました。会場全体に大きな拍手が広がりました。）

学芸会を見に来ていた妻と娘は、家でわたしの挨拶について「1年間の経験の成果だね」と感想を言ってくれました。どのクラスの演技も素晴らしく、大成功でした。舞台装置も衣装も素敵で、工夫が随所にみられました。中学部3年生の「ないた赤おに」、高等部3年生の「ピーターパン」では特に盛り上がりがみられました。トーン・チャイムを用いた高等部3年生10人による「星に願いを」の演奏にも感動しました。

2月23日　高等部の月曜集会に出席。学芸会を思い出して描いた3枚の絵（高等部1年生のために「ピーターパン」、2年生のために「座敷わらしのペドロ」、3年生のために「ピノキオ」）を次々にみせながら生徒たちに話をしました（実はわたしはもう1枚、白紙の画用紙を用意し、ペドロの絵の上に重ねていました）。

（ピノキオの絵を掲げて）「この絵は何の絵ですか?」というわたしの問いにたいして生徒たちは「ピノキオ!」と即答してくれました。

（ピーターパンの絵を掲げて）「この絵は何の絵ですか?」というわたしの問いにたいしても、生徒たちは「ピーターパン!」と答えてくれました。

（最後に、「ペドロ」の絵の上に重ねた白紙の画用紙を掲げて）「この絵は何の絵ですか?」というわたしの問いに、生徒たちも、そして先生方も当惑したよう

な顔をみせました。ある先生など「校長先生、せっかくよい調子だったのに、最後に失敗したな」というような顔つきです。頃合いを見計らって、「みんな、〃サンハイ〃の合図で『ペドロ』って言ってくれる?」と頼みました。そして皆が大きな声で「ペドロー!」と叫んだ瞬間に、白紙の画用紙を足元に落としました。するとと現れたお世辞にも上出来とはいえないペドロを描いた絵に、学芸会でペドロを演じたイケメンの文彦くんは不満顔でしたが、他の生徒たちは大喜びでした。

最後に、わたしは「ピーターパンはネバーランドに住んでいます。附養のみんなにとってのネバーランドはどこ?」と問い、卒業式に校長先生の考えている答えを教えると約束しました(実はその時点では、わたし自身何も考えていなかったのですが…。わたしの場合、こういうパターンが多いのです)。

第2節　卒業式(3月5日)

附養の卒業式では当然、小学部・中学部・高等部の各部の卒業式がまとめておこなわれます。小学部、中学部の卒業生の場合は、ほぼ全員附養の中学部、高等部に進学しますので、附養を巣立つのは高等部の生徒たちだけです(わたしが校長であった3年の間では、1人だけが小学部卒業後、別の養護学校中学部に進学しました）。

一般的に卒業式では、校長は体育館や講堂の舞台の上に位置し、フロアから上がってくる児童や生徒に卒業証書を手渡します。したがって卒業生は、校長の背後に日の丸をみながら、卒業証書を受け取るのです。

附養の場合は、校長はフロアの真ん中に位置し、卒業生は舞台を背にして座ります。したがって校長は、卒業生の背後に日の丸をみながら、卒業証書を渡すのです。わたしは心のなかで社会に巣立つこの子たちへの支援をお願いしていました。

卒業する子どもたちにとっても、そして保護者にとっても大切な卒業式です。校長として心をこめてメッセージを伝えようと考えていました。

2月26日 午前中は卒業式の練習。実際に証書を渡す練習をしました。各部の最初の子どもについては、証書の文書を最後の番号を含めてすべて言う。2人目以降は「卒業証書と氏名」のみ。最後の子は「卒業証書と氏名と番号」のみ。

3月3日 9時半より皆勤賞と精勤賞の表彰。9時55分より卒業式の予行演習をおこないました。副校長より、卒業証書を読む際に留意すべき事項を教えていただきました。本当にありがたいことです。

3月4日 午前10時から30分間卒業式の最後の練習。歌の練習を中心におこないました。午後3時から卒業式会場である体育館会場の最終点検。午後4時から卒業式の最終打合会。

3月5日　第42回卒業式。多数の来賓に来ていただきました。あっという間の1時間15分でした。卒業証書を授与した後、わたしは次のような式辞パフォーマンスを実行しました。

今日は附養の卒業式です。春の日差しもお祝いするかのように輝いています。

卒業生の皆さん、ご卒業おめでとうございます。

小学部を卒業する隆之くん、久也くん、守くん。皆さんは入学から6年間、思い出をたくさんつくってきましたね。修学旅行では3人で鹿の頭を優しく撫でてあげましたね。（手描きの鹿の絵を掲げる）鹿さんも本当に喜んでいましたよ。校長先生は3人が仲良く給食を食べている様子を見るのが好きでした。4月から新しい友だちと先生を迎え、中学部での生活が始まります。中学生としての生活も楽しんでくださいね。

中学部を卒業する哲男くん、貫二くん、佳代さん、朋絵さん、緑さん、晴美さん。皆さんが修学旅行の間、お互いに助け合うことで楽しく過ごしていた様子を今でも思い出します。学芸会では「ないた赤おに」を見事に演じました。（手描きの赤おにの絵を掲げながら）泣いた赤おにも最後には笑いました。校長先生はみなさんが交わす「ありがとうございました」、「どういたしまして」という言葉を聞くのが好きでした。4月からは、いよいよ高等部での生活が始まります。新しい友だちや先生といっしょに、高等部でも楽しい思い出をつくってくださいね。

そして高等部を卒業する皆さん。皆さんも楽しい思い出をつくりました。修学旅行では3日間温泉に宿泊し、先生方といっしょに朝風呂に入り、温まりましたね。（手描きのピノキオの絵を掲げながら）学芸会では「ピノキオの冒険」を見事に演じました。卒業生の挨拶で聴かせてくれたトーン・チャイムによる「星に願いを」の演奏はとっても美しかったです。後で、「一生懸命に練習したんだよ」と教えてくれましたね。長距離走大会では全員が最後まで走り切りました。校長先生は友だちを力いっぱい応援するみんなの姿に感激しました。

高等部を卒業する皆さんは、4月からそれぞれの職場で働きます。校内実習や現場実習で学んだこと、身につけたことを生かして、それぞれの職場で自分の役割をしっかり果たしてください。同窓会、運動会、学芸会にはぜひ附養に来てください。

（ここでシロクマくんが登場します）シロクマくんも一緒に見た学芸会では「ピーターパン」が演じられました。ピーターパンとウェンディたちはネバーランドに向かいます。その演技を見ながら、わたくしは附養で勤務するようになって以来、自分自身があたかもネバーランドにいるかのように感じていることに気づきました。おそらくそれは、附養では、何か懐かしい素敵なことに出会うことができるからだと思います。附養で日常的に交わされる挨拶の言葉、感謝の言葉は実に心のこもったものです。附養では本物の親子愛、師弟愛を間近にすることができるのです。今の日本では忘れられているよき気風が附養では守られています。この附養をネバーランドにしているのは、素直で優しい子どもたち自身なのです。わたくしはそのように信じています。

保護者の皆様、お子様のご卒業を心よりお慶び申し上げます。長きにわたりお子様の本校での生活をよく支えていただきましたこと、そして本校の教育活動にたいしてご理解とご支援をいただきましたこと、御礼申し上げます（ここでシロクマくんとともに保護者の方々に感謝の拍手をしました）。卒業式は一つの区切りではありますが、本校とのつながりは永く続きます。今後ともよろしくお願いいたします。
　最後になりましたが、ご臨席たまわりました愛知教育大学理事、ＹＭ先生をはじめ多数のご来賓の皆様に御礼申し上げます。本校の教育活動はご来賓の皆様や地域の方々からのご支援を必要としております。今後ともよろしくお願いいたします。
　卒業生の皆さん、皆さんは素直で、優しく、そしてがんばる心の持ち主です。その自分らしさをいつまでも大切にし、豊かな人生を過ごしてほしいと思います。

　午後1時から附養の近所のレストランで「卒業をともに祝う会」。比較的狭い会場で保護者や子どもたちと触れあえ、とてもよかった。温かい雰囲気。各部の子ども、保護者、担任が一体となった発表が一番よかったです。

第3節　附養での3学期モンタージュ（1～3月）

1月7日　始業式で、子どもたちに3つのお願いをしました。第1に最後の学期として毎日をしっかりと過ごしてほしい。よい思い出をつくるためにも。第2に風邪などひかないように。第3にみんなが学芸会を楽しみにしているので練習をがんばってほしい。

1月8日　朝の打ち合わせで附養には季節感があると話しました。さらに望月副校長に、附養で「練

習」の大切さを学んだと話しました。

1月26日　午前中は高等部の長距離走大会。好天に恵まれました。3月下旬の陽気だとか。家族の方も応援に集中できました。女子（1500m）は全体的にスムースに進行。利美さんがダントツで1位。男子（2000m）は賢司くんが1位。2位は僅差で正文くん。3位は俊光くん。俊光くんは短距離ならいちばん速いはずです。賢司くんは「練習していてよかった」との感想。男子15人中14人までゴールしてもまだ愼平くんは数周残していました。しかも座り込んでいました。しかし、お母さんたちはニコニコして「愼平くんはお母さんが来ると甘えている」とのんびり。先生方も励ますだけ。生徒たちも「愼平くん、愼平くん」と励まします。すると愼平くんは少しずつ走り、最後の2周はかなりスムーズに走りぬきました。わたしは講評で最後までがんばったことと、応援しつづけたことを褒めました。

長距離走を支える「支援グッズ」にも感心しました。1番から8番までの数字の書いた旗が周囲に等距離に立っていたのです。動機づけになると思いました（マラソンの君原選手の言葉「次の電柱まで…」を思い出しました）。さらに1人ひとりに、あと何周かを明確に伝えています。数字の不明な子には、模型の果物が減っていくことで視覚的に伝えていました。素晴らしい。

2月5日 午前中、小学部の子どもたちと通学バスで「ふよう美術展」の見学に行きました。子どもたちの絵画や造形作品や文字が、色彩鮮やかかつ大胆に展示されています。別途、妻もみてくれました。妻の感想は「カラフルでのびのび…」。

同美術展については、教務主任の柴田昌一教諭が日報（2009年2月6日付）で次のように書いています。

第38回ふよう美術展　～大盛況～

ふよう美術展2日目は、170名を超える参観者があり、用意したチラシがなくなるほどだったそうです。さすが（従来の岡崎市美術館から移した）ショッピングセンター内の会場だと感じました。さて、本校の子どもの作品を校外で展示することは、知的な障害をもっている子どものことを世間の方に理解していただくよい機会だと考えます。校内の展示では、障害者にかかわっている方の参観が多く、今回のように一般の方がこんなにたくさん参観することはありません。一昨日も書きましたが、是非、一般参観者と話をしていただきたいと思います。場所は岡崎市美術館でしたが、以前、一般参加者から、次のような話を聞きました。「色の使い方に特ちょうがありますね」、「のびのびした線で、すなおな気持ちでかいているのだと思いました」、「大胆にかかれていて気持ちいいなあ」、「今日、寄せてもらってよかった。心が元気になったよ」。一人でも多くの方に本校の子どもの作品を見ていただきたいと思って

います。また、部で見学したけれど、家族ともう一度参観した子どもがいました。自分の作品に笑顔でかけ寄る姿を見て、校外に自分の作品が展示されることが、本当にうれしいのだろうなと感じました。

ドイツ教育学研究から⑭

美的教育（ästhetische Erziehung）

美的教育という概念は学校教育の領域においてはよく知られており、そして芸術授業、芸術教育、造形、映像コミュニケーション、あるいはまた音楽・造形教育というような名称の諸学科の総称である。

知的障害者における美的教育は、ゲオルゲンスとダインハルトという治療教育学の「創設の父たち」に発端をもつ伝統にもとづいている。一般教育学の一部門としての治療教育学の傑出したパラダイムである美的教育に関するかれらの見取り図が、近代性と時代超越性を有していることは、証明可能である。そのことは、とりわけ美的なものの機能に関する潜在的理解についていえる。それは、かつて音楽的（人智学的）治療教育学の枠内でみられたように、「『良き趣味』への教育」を優先的に目指すのではなく、むしろ全体的・自己陶冶的学習を、つまり人格の全面発達を見通している。かくして、あらゆる感覚（触覚、味覚、嗅覚、視覚、聴覚…）の作動と発達は美的教育のプログラムに属している。同時にここで、わたしたちは知覚と運動の度外視すべきでない相互関係に出会う。したがって、運動、リズム、ダンスおよび音楽の育成もまた稀でなく美的教育と結合される。その「教科の枠を超えた」見方は、芸術の（ポスト）モダーンな理解に相応している。その理解はいかなる障害も知らず、そしてそれによって包括的（学校）実践にとって本質的意義をもっている。一方では、その芸術理解は「美しい事柄の開放性」を宣伝している。そのことは、美的行為が、確かにあらかじめ叙述された（「誤り」、ないし「正しい」とされた）習得様式ないし問題解決手順にも、あらかじめ与えられた判断・価値尺度にも適う必要がないということを意味する。そのような可能性の多元性は、とりわけ重い知的障害や重複障害を有する人々にとって適切である。その人々の美的表現行動と美的文化活動はしばしば基本的に開発されねばならないからである。他方では「美的経験の融合」が重要である。その概念は、「『第一次的』（情動的、無意識的）過程と『第二次的』

（組織的、認知的）活動…」の結合を表わしている。その概念は、芸術的問題の解決はあらゆる心理的状態の個人的総合（混合、合同、結合）に根ざしている。その解決は可能性の性格を有しており、したがって（所与の）現実を特徴づけない。それら2つの契機は、交わりあって、自己肯定感強化の可能性、心理的補償および自己実現を提供する。しかし、（自己）陶冶の価値は「開放性」と「融合」のカテゴリーにのみ結びつくわけではない。むしろ、3番目の契機が目に入れられるべきである。その契機は「美的思考」に関係している。その契機は、美的に刻印された「現実についての理解媒介物」として、感覚的知覚の感情的部分に限定されず、観察や感覚的推理もまた含み、さらには「知覚の反省への刺激を発展させ」ようとする。それら3つのカテゴリーによって、美的なものの概念を、教育関心事と陶冶関心事にとって、二重の点で（一方では人格の全面発達にとって、他方では主観的側面の社会的、人間関係的、自然的そして文化的環境との結合にとって）意義がある「全体的事象」として示すことに成功する。そのコンセプトはハルトムート・フォン・ヘンティッヒのかなり古い定義のなかですでに基礎づけられている。すなわち、ヘンティッヒは美的教育を「まったく基本的かつ一般的な何か」として、すなわち「人に幼い頃から世界の形成可能性を経験させ、人を促して、美的作用の力強さを実験し、そして表現可能性のみならず、まさに受容可能性と享受可能性の際限なき多彩性をもまた認識させる」有望な提案として定義している。ここで、わたしたちは障害児・健常児の教育と陶冶にとって中心的な2つの位相に出会う。第1に学習者に、芸術という要件にもまた批判的に気づき、そして洞察する能力を付与するという芸術教育学的意向に、そして第2にいかなる個人の人格発達にとっても好ましかるべき美的教育の基本的性格に。そのことは、おそらくとりわけさまざまな種類の重度な障害を有する人々にとって有益である。

2月19日 朝からPTA研修旅行。最初、岐阜県土岐市の知的障害者就労支援施設である福祉工房「R」へ。代表のMさんが説明してくださいました。施設では2人の若者が支援をうけて真面目に作業していました。印象に残ったお話は、「やりがいはお金」「できるだけ自分のもっている力以上のものをやらせる」「一緒に作業するのは2人まで、3人以上だといじめやさぼりが発生する」「連絡ノートで家庭と交流する」「休憩中にコミュニケーションをとることができるように支援」「打たれ強い子を育てたい」などがありました。その後、三重県の長島アウトレットへ。車中、父母教師会の会長Oさん（登志樹くんの母親）と会話。「息子がなかなか字を覚えなかった。無理に覚えさせようとしてもダメだった。でも小学校5年生のとき有名学習塾の方が、手のひらの手紋で『て』の字を教えてくださった。そこからどんどん覚えるようになった…。粘り強く待つことも必要だとつくづく思った」。「障害者のことなど無縁な人生だったが、神様はわたしに気づかせようと思って、息子をこの世に送ってくださったと考えている」というようなお話が印象的でした。さらに「自分が中学生の頃世話になった先生が、息子の中学時代の校長だった。自分を表現するチャンスをどんどん与えてくださった」とも話された。
このように保護者の方々の言動、行為、表情などから学ぶことがありました。その一部を3年間の記録から抜粋して紹介します。

2008年4月18日：父母教師会総会と歓送迎会、総会で挨拶、歓送迎会で、わたしは新任を代表して挨拶、楽しい会だった。もちろん準備や子どものケアにあたった職員は大変だったろう。前会長さんは気さくないい人。ただしわたしの軽率な発言にたいして一瞬厳しい顔をなさった。障害を持った子にたいするからかいや差別は決して許さないという母親の気持ちが伝わってきた。反省！　↓保護者は最良の師匠

2008年9月5日　12時過ぎからなかよしホールで高等部の生活発表会をみる。清春くんのピアノと恵梨さんのダンスをはじめ、皆がんばっていた。1年生の終了後、図書室に移動して中学部の生活発表会を聞く。菜奈江さんが参観されていたお父さんに駆け寄っていったシーンにジーンときた。保護者が多数来られていたことに大感激。↓子を想う親

2008年10月30日　小学部修学旅行初日、夕食後、四条でお土産を買うが、守くんが「お母さんが喜んでくれるかな？」といいながら相当な時間をかけてお土産を探す。守くんはお店の方から「喜んでくれはるわ」とおっしゃっていただき、納得。↓親を想う子

2009年4月23日　小学部の遠足、スクールバスで豊田の「豊田地域文化広場」に行く。30分ほどで到着。楽しく遊んで、午後1時半頃に学校に戻る。保護者との下校時に少し離れたところで、すみれ

学級の美智代さんが泣いていた。行って様子を見たが、お母さんは「あまりにも今日が楽しかったから帰りたくないようだ」と喜んでおられた。↓この言葉で、教師は安心し、次回からより適切に対処できる。

２００９年５月９日　卒業生父母の会総会で、新任教員の素晴らしさを話す（学期が始まって２週間の時点ですでに子どもの心を惹きつけていると…）。そしてそのような教員を育てるのは保護者の方の助言であると話す。

２０１０年２月14日　学芸会。ＯＢの杉江清先生が「安定した演技」だったと褒めてくださる。特にすみれ学級の美智代さんへの支援を美智代さんの母親にも褒めていただく。教頭先生も言っていたが、待つことができた演技が多かった。↓保護者の意見を可能な限り取り入れたからこその充実した演技

２０１０年５月14日　高等部の校内実習の様子をみた。見学に来ておられた幸四郎くんの母親が「補助具が充実しているのでスムーズだ」との感想。そのほか精神科医のI先生に面談していただけてとてもよいとのお話も。↓教員の工夫努力を認めていただけて励みに、ただし問題点があればぜひ指摘を。

２０１０年７月20日　午後２時頃プールへ。小学部の母親が別の母親に話していらっしゃるのが聞こえてきた。「附養に来て、子どもは本当に伸びた。先生方はすばらしくて、家ではとてもできないようなことができるようにしてくださる。そのやりかたをお聞きして家でも真似てみる」。↓学校教育と家庭教育のよい循環の出発点に　教員も褒められて育つ

２０１０年７月27日　午後1時半頃にプールに様子を見に行く。高等部のある母親が「プールに通うようになって風邪をひかなくなった」とのお話。↓こんな一言が励みに

2月25日　高等部3年生と明治村でドリームタイム＝お別れ遠足です。（ドリームタイムは、総合的な学習の時間、生活単元学習、自立活動を合わせた附養独自の領域であるタイム学習のいわば拡大バージョンです）。この日のお別れ遠足には母親がインフルエンザの英孝くん以外は全員参加しました。明治村の写真館で女子生徒5人はドレスや袴できれいに変身。写真を撮っていただきました。その間、男の子4人をつれて立体写真館に行きました。子どもたちはかなり関心をもちました。明治時代に日本にやってきた外国人の写真であるので、文明開化されていない日本の様子がわかるものです。蒸気機関車、京都市電、監獄は子どもたちにもインパクトがあったようです。昼食、わたしはオムライス。レトロなカレーを食べた生徒が多っかたのですが、登志樹くんのみホットケーキ。

3月10日　豊橋方面での高等部2年のドリームタイムに付き添いました。参加したのは生徒10名および職員4名（担任は鈴木則明教諭、副担任は小林和弘教諭、高等部からの応援の教員として川原場仁子教諭、そしてわたし）。この日のドリームタイムの内容は、公共交通機関の利用の仕方や乗車マナーの学習、豊橋子ども未来館での体験、喫茶店での外食学習（マジックの体験を含む）、買い物学習などでした。

東岡崎駅に集合し、豊橋行き急行に乗ろうとしたとき、慎平くんが乗車をしぶりました。そこで担任は、慎平くんを副担任および見送りに来ていた望月副校長、高等部主事の齋藤慎吾教諭に託し、あとの特急で追いかけてもらうことにしました。その際、副担任は同級生の文彦くんをあえて残し、慎平くんに付き添ってもらうことにしました。幸い豊橋駅で全員が再会することができました（高等部主事はその場の判断で、豊橋駅まで付き添いました）。そして、その後のスケジュールは順調にこなすことができました。子ども未来館では市電の運転のシミュレーションゲームを楽しみました。喫茶店では店主さんのマジックショーを楽しみました。マジックのネタを全員分用意してくださったことに感謝しました。実は急きょ（豊橋を象徴するもののひとつである）市電に乗ることになったのですが、喫茶店での代金を１人１５０円安くしてもらえて（セット価格にすることで）、その分を市電代にまわせたのです。

帰路もまた、慎平くんは豊橋駅発の急行への乗車をいやがりました。そこで担任はまたもや副担任に慎平くんと一緒にあとの特急に乗るように依頼しました。豊橋駅まで迎えに来てくれていた齋藤高等部主事も副担任と共に慎平くんに付き添うことになりました。実はその際、文彦くんが自分から残るという姿勢を表明してくれたのです。担任と副担任はその申し出に感謝しつつも、「帰りは大丈夫」と述べ、文彦くんには慎平くん以外の生徒たちと一緒に先発の急行に乗るように指示しました。わたしはドリームタイムで文彦くんの上記のような行動に接し、本当に嬉しく思いました。ドリームタイムに付き添うことで、文彦くんの人柄を再確認できたからです。また、特別支援学校の教員としては当然のこととはいえ、職員の柔軟かつ適切な支援にも教えられました。さらには次年度の修学旅行では引率者を増やすなどの対応が必須であることも認識できたのです。遠足に付き添ってよかったと思いました。

3月12日　愛教大の学生による人形劇団が全校の児童・生徒のために演技をしてくれました。なかよしホールで9時40分から10時40分まで。なかなか楽しかったです。お茶と三色団子がおやつとして出ました。

3月13日　修了式。わたしの話は失敗。いつものように絵を描いたことで安心していました。明らかにシミュレーション不足でした。情けない。反省すべきです。昼の最後の打ち合わせでは、修了式にこられたお母さん方から「よい式だった。他の保護者の方も来たらいいのに」との意見を聞いたことを話しました。

3月14日　職員室・事務室・給食室のメンバーと伊豆方面に研修旅行。内藤浩子先生、日下部義久さん、小松桂子さん、柳田裕昭さん、吉村雪子さん、吉田千恵美さんともご一緒できたのが嬉しかったです。午前中は強い風と雨。午後は好天になったのですが、風はきわめて強い。フェリーは欠航。予定を変更して陸路で行きました。昼ごはんは修善寺でお蕎麦を食べる。その後、旧天城トンネルへ。途中、高等部を卒業したばかりの賢司くんおよびご家族と出会う。「こんな偶然があるのか?」と驚き。下田から石廊崎へ。強風のなか、石廊崎で日没を見ました。宿はO屋という民宿。

3月15日 研修旅行2日目、好天。かなり温暖。開国博物館でお土産を買いました。フェリーで土肥から清水へ。富士山が美しかった。帰宅は午後8時。本当に楽しく、充実した研修旅行でした。

3月24日 朝、附養に出勤。望月副校長の附養での実質最終日。「言葉で尽くせないほど感謝している」とわたしの気持ちを伝えました。

補章

第1節　愛教大附属養護学校の概要

このイラストは波田章博教諭が2010年11月の研究協議会において公開した授業（単元テーマは「わくわくひろばで　あそぼう」）の指導案に記載されたものである。子どもの「求める姿」を引き出すために、丹精込めて製作する教材や教具とT1とT2の2人の教員による支援が引きおこす子どもの動きを想定して、描かれているのである。教員は子どもたちも、そして自分自身も、保護者がみれば「わが子だ」、「波田先生だ」とわかるように丁寧に描くのである。実際、写真が示すように、子どもたちは教員が予想した動きをすることが多い。それは何より、教員が授業時だけで

なく、子どもたちの日常の姿を丹念にみつめているからである。イラストの基礎にあるのはイメージである。イメージする力はそもそも人間的な力であり、人間の本来的優しさの根源である。

☆

愛知教育大学附属養護学校は1967年6月に開設された（法改正により2007年4月に制度上の名称を「愛知教育大学附属特別支援学校」に変更した。しかし、通称としては従来の「愛知教育大学附属養護学校」を使用している。）。所在地は愛知県岡崎市で、周囲はいわゆる文教地区、交通の便もよい。附属岡崎小学校と隣接しており、同小学校との間に物理的に（そして心理的にも）隔てるものはない。

子どもの数は、小学部3学級（1学級5名程度）、中学部3学級（1学級5名程度）、高等部3学級（1学級10名程度）。職員の数は校長、副校長、教頭、主幹教諭（教務主任）、栄養教諭、養護教諭、校務主任、研究主任、各部主事、進路指導主事、各学級の担任と副担任、事務職員・給食室職員等、総計40名。

附養の正門には、写真のようなプレートがはめ込まれている。そこには「**しあわせの門**　この門の向こうにしあわせの道がある」と書かれている。附養の教育

理念が表現されているのである。子どもたちを幸せにするために全力を尽くすのだ、という決意を読みとることができる。

校長であったわたしでさえ、子どもを楽しませようと工夫をした。餅つき大会では、教員がユーモアあふれる寸劇（お父さん役の竹山伸幸教諭が杵をバットのように振り、お母さん役の笠原美保教諭にたしなめられている）で餅つきへの興味を喚起する。

もちろん、学校にいる間だけの幸せでは不十分である。卒業後、社会のなかでも幸せに生きることができなければならない。社会で少しでも自立して生活できる力を与えたいと考えている。そのために、子どもたちは中学部から作業学習、校内実習そして現場実習に参加する（次頁の写真）。

第2節　教員の研修の場としての附養

附養は、西三河教育事務所および岡崎教育委員会が主催する新任教員（小学校および中学校）研修の場にもなっている。2003年度より始まり、2007年度からは岡崎市の特別支援教育初心者もまた研修に参加している。

研修の時期は、研究協議会の翌週である。午前中に授業をみた後、午後は体育

高等部の現場実習の様子

中学部のクッキづくりの作業学習

館で附養の教務主任等の説明を受けながら、協議を行うのである。次頁の2008年度研修の写真では、小学部（さくら）と中学部（Bグループ）の授業を参観する多数の教員の姿をみることができる。

協議会後に参加した新任教員に「どういうことを学んだか」を尋ねたところ、次のような結果となった（上位5位、およびそれぞれの主な意見を紹介）。附養で研修する意義と効果がわかる結果だと考える。

1位：子どもをみて、子どもから学ぶことの大切さ＝30％

・とにかく子どもを見て知ることだと感じられたことはとても大きい。

・「子どもの集中するところをみつける。」その言葉を大切にして常日頃の子どもの様子を捉え、授業指導を行っていきたいと思う。

・子どもから学ぶ、その姿勢を常に持つことが、個に応じた指導やおだやかな話し方につながると思う。

・新任教員からのどの質問の答えにも、根底に「子どもをみているか？」という言葉を感じることができた。

2位：教育観を揺さぶられ、今後への意欲を高めた＝23％

・「教育とは何か」を改めて考えなおす必要性を感じた。自分の受けてき

2008年度の研修　左が中学部，右が小学部の様子

た教育を見直し、固定観念を疑うことからはじめていかなければならないと思う。

・子どもが自ら学ぶことが必要。教えることではなく、学ぶことの大切さが分かった。日頃の自分を反省することばかりだった。教師は教えなくてはいけないという思い込みもあったように思う。明日からの自分を見つめ直していきたいと思う。

3位：待ちの姿勢と褒めること、常に笑顔で接する＝13％

・この研修を通して待つことの大切さ、子どものよさを発揮できる授業の重要性をあらためて教えていただいた。ここにいる子たちの延長線上に自分の担任している子たちがいると思うと、先生方の実践をわたしもおこないたいなと思った。

・先生方のおだやかな口調や、いつも近くでさわったり、褒めたりと、教育に必要なことはこれなんだなと感じた。環境であったり、子どもたちをみる様子であったり、本当に先生方の愛情を感じた。これからの生かしていきたいと思う。

4位：一般校でも生かせる教材や教具の工夫＝12％

・子どもたちが一生懸命取り組める活動を考え、単元をつくり上げていた。そのような単元づくりをわたしも心がけたいと思う。子どもたちがすすんで活動できるような活動を準備することは、わたしたちにとってもっとも重要なことであり、授業への工夫を考えていきたいと思う。

5位：教師は演技者（役者）＝10％

・附属養護学校で学び、子どもたちの集中する姿の素晴らしさとともに、先生方の素晴らしい演技力を感じた。変装や子どもへのユニークな言葉がけなど、多くの子どもへのアプローチ方法を学んだ。わたしも自分の性格や特徴をいかしたかかわりを子どもにしていきたいと思う。

その他に、少数であるが、大切な感想もあった。

「どのクラスも時間がゆっくり流れていた」。

あとがき

「言葉で尽くせないほど感謝している…」、副校長の望月彦男先生にたいする言葉は決してお世辞ではありません。心の底から出た言葉です。望月先生は教職員一人ひとりのよさを引き出し、発揮させることで職場を活性化させるタイプの管理職でした。それは以前に附養の教員であったときに、子どもとのかかわりのなかで身につけられた資質なのかもしれません。望月先生と、たとえ1年間という短期間であったとしても、ご一緒できたことは幸運でした。「変わったことをして人を驚かせるのが好きな目立ちたがり屋」のわたしの本来の個性が引き出されたからです。

わたしは校長時代、附養に出勤ないし関連した仕事をした日は記録をつけました。日記にしたくはなかったので、主観的な叙述は避けるように努力しました。附養の重要な行事であっても、わたしが直接参加できなかったものについては言及していません。たとえば、12月に保護者も参加して全校をあげて行われる餅つき大会です。子どもたちが餅をつき、保護者や教員が餅をまるめて、皆で食べます。日常的には餅を食べない子も、その環境のなかでは餅を食べるのです。

また、2月の下旬に高等部3年生のために実施される理容美容講習会も印象的な行事です。美容の専門家をお招きして、男子は整髪し、スーツ姿になり、ネク

タイの締め方を学びます。女子はお化粧します。最後には全員そろって校内を一周します。わたしは、この行事から人間の尊厳を大切にする附養の伝統を感じていました。

本書は、附養校長時代のわたしの記録と、その都度の関心にもとづいて斜め読みしたドイツ教育学の論著からのメモをもとに構成されています。記録は3年間継続しましたが、ここでは1年目の記録を中心資料としました。全体として2008年4月から2009年3月までの時の流れに則った論述になっているのは、そのせいです。何といっても1年目の印象が強いものですから。もちろん必要に応じて2年目、3年目の記録も参照かつ引用しています。知的障害者の教育を専門としている方には、「門外漢の校長が見聞し、感じたこと、それを契機に学んだことを羅列しているものでしかない」ということでご寛容に接していただければと思います。また極力避けようとしたのですが、結果としては「自慢話」が散りばめられています。還暦を過ぎた人間の自己慰み的戯言として、ご容赦いただければ何よりに存じます。

教育とは人を育てること、知的障害者の教育も同じです。原理的には、特別支援教育は障害者にのみ有効なのではありません。いかなる教育も特別支援教育なのだと、わたしは考えています。

ドイツ教育学研究から⑮

人間学（Anthropologie）

さまざまな人文科学が「人間」を主題とし、独特な仕方で解釈している。その多様な構想の上位概念として位置づけられる人間学（「人間」を意味するギリシャ語のアントロポスに由来する）は、独立した学科というよりも、むしろいくつかの「人間についての学問」におけるひとつの探究方針を表現している。最初、人間学は特有の「宗教－人間学」として、そしてその後、生物学的、心理学的、教育学的、あるいは神学的人間学として登場した。せいぜい20世紀の20年代以降にようやく組織的に起こった哲学的人間学（マックス・シェーラー、ヘルムート・プレスナー、アーノルト・ゲーレン）は、「全体的学問」として、あらゆる個別科学の研究成果を統合的に拾い上げ、そして「コンディティオ・フマナ」【人間の条件】の一般的規定のために考察することを自らに課した。啓蒙期（18世紀）以降に始まった世俗化と世俗的な主体、および「世界内存在」（ハイデガー）としての具体的人間的実存への転換は、徹底的に「人間とは何か」（カント）という根本問題に導いた。哲学的人間学は「実存解明」（ヤスパース）や「現存在分析」（ハイデガー）となった。教育人間学はその教育欲求、教育能力および陶冶性の中心的位相のもとで、人間存在の規定に取り組んだ。「人間は、教育されなければならない唯一の被造物である」（カント、「教育について」１８０３年）。

その中心的人間像は、「教育を欲し、そして教育能力のあるヒト（homo educandus et educabilis）」である。一般的な教育と陶冶に関する学問の一部として、治療教育学の歴史的企図は、その普遍的人間的欲求と教育・陶冶権の人間学的かつ倫理的見地への、あらゆる障害者（その障害がいかなるものであろうと、とりわけ知的障害であろうと）の無条件な囲い込み（統合）であった（いまだにそうである）。あらゆる人間学の中心テーマは「人間像」に関する問い、もっといえば教育諸科学のさまざまな理論と方法における多様な、複数の、しばしば矛盾した潜在的（隠された、主題化されていない）、あるいは顕在的人間像に関する問いである。たとえば心理学の人間像（深層心理学、行動心理学、人文心理学、神経心理学）などがそうである。

人文諸科学における人間像の問題は批判的人間学を必要としている。というのは、人間像はその認知的内容とならんで常に倫理的・実践的構成要素もまた有し、実践指導的、パフォーマンス的な力を発展させるからである。知的障害者教育学において、繰り返し「知的障害者」の認識主導的かつ実践主導的人間像（潜在的なものも顕在的なものも）の解明と批判と新たな規定もまた問題となる。そのようなさまざまな見方や立場は虚無主義的な見方（「魂なき欠陥存在」、「厄介な実存」）から、楽観主義的かつ肯定的な見方（「自己の世界の構成者である知的障害者」、あるいは「特別な能力を有する人間である知的障害者」）までの広い範囲に及ぶ。しかしときに、そのような知的障害者の願わしい、生命肯定的な、そして無制限な倫理的承認に基礎をおいた教育学的・人間学的規定の試みは、相当に観念論的、あるいは婉曲的傾向をもっている。たとえば、知的障害者における問題行動／特徴ある行動／迷惑な行動が、簡単に「オリジナルな行動」や「創造的問題解決」と言い換えられているときにである。結局、知的障害者を単に人々のなかの人として、そしてわたしたちの仲間として把握している「像なき」人間像が、人権と連帯という生きられている文化の中心要素としての普遍的人間像の意味において、志向されているのであろう。教育人間学の持続的な研究任務は次のように規定される。すなわち、教育人間学は教育と陶冶、歴史的発展と主体性、完全性と改善不可能性、他人のものと自分のもの、解釈学と脱構築に関するより良き理解に努める。教育人間学の研究には、それが断章的な性格を有しているという意識と、それが常に隠れたる人間（homo absconditus）にかかわっているという知識が伴っている。隠れたる人間を認識することは段階的にのみ可能である。

社会科教育研究者として、わたしはつくづく附養で仕事ができてよかったと思っています。社会科教育が定位すべき「社会」は、知的障害の子どもたちが幸せに生活できる「社会」であることを確信できたからです。

文中に登場する先生方のほかに、わたしが校長を務めていた3年間のうち後半の2年間副校長であった磯谷伸之先生、2010年度の小学部修学旅行でご一緒した宇都木靖弘教諭（その年度の小学部あおい学級担任で、修学旅行に際して、体調不良の―実はひどい不整脈に苦しんでいました―わたしを気遣い、さりげなく配慮あるスケジュールを組んでくださった教員です）をはじめ多くの教職員の方々に、ご支援をいただきました。心よりお礼申し上げます。附養の先生方は教員として優秀なだけでなく、人間としても素晴らしいのです。

今回もまた学文社さんより出版させていただきました。その際、同社の二村和樹さんにお世話になりました。深くお礼申し上げます。

2012年8月

船尾　日出志

参考文献

愛知教育大学附属特別支援学校『研究紀要』―第30集―【２００８年11月刊】

愛知教育大学附属特別支援学校『研究紀要』―第31集―【２００９年11月刊】

愛知教育大学附属特別支援学校『研究紀要』―第32集―【２０１０年11月刊】

愛知教育大学附属養護学校『「この子らしさ」を発揮する子ども―子どものよさを活かす授業―』明治図書、２００９年

阿部利彦『発達が気になる子のサポート入門―発達障害はオリジナル発達』学研新書、２０１０年

品川裕香『怠けてなんかない！　ディスクレシア　読む・書く・記憶するのが苦手なＬＤのこどもたち』岩崎書店、２００３年

品川裕香『輝けＭＡＸ！　すべての子どもが伸びる特別支援教育』金子書房、２００９年

品川裕香『怠けてなんかない！　ディスクレシア２　読む・書く・記憶するのが苦手なＬＤの人たちの学び方・働き方』岩崎書店、２０１０年

杉山登志郎『発達障害の子どもたち』講談社現代新書、２００７年

デビッド・ファスラー／リン・デュマ『子どもの心がうつになるとき』（品川裕香訳）エクスナレッジ、２００５年

茂木俊彦『障害児教育を考える』岩波新書、２００７年

Bleidick, Ulrich u.a.（Hrsg.）: *Behindertenpädagogik — eine Bilanz. Bildungspolitik und Theorieentwicklung von* 1950 *bis zur Gegenwart*. Verlag W. Kohlhammer, Stuttgart 2008

Greving, Heinrich u.a.（Hrsg.）: *Heilpädagogisches Denken und Handeln. Eine Einführung in die Didaktik und Methodik der Heilpädagogik*. Verlag W. Kohlhammer, Stuttgart 2009

Haarmann Dieter（Hrsg.）: *Grundschule Band2. Fachdidaktik: Inhalte und Bereiche grundlegender Bildung*. Beltz Verlag, Weinheim und Basel 1993[4]

Schnoor, Heike (Hrsg.): *Leben mit Behinderungen. Eine Einführung in die Rehabilitationspädagogik anhand von Fallbeispielen.* Verlag W. Kohlhammer, Stuttgart 2007

Stadler, Hans u.a. (Hrsg.): *Pädagogik bei Körperbehinderung. Studientexte der Behinderungpädagogik. Band* 4. Beltz Verlag, Weinheim, Basel, Berlin 2004

Stöppler, Reinhilde u.a. (Hrsg.): *Förderschwerpunkt Geistige Entwicklung. Eine Einführung in didaktische Handlungsfelder.* Ferdinand Schöningh, Paderborn 2010

Theunissen, Georg: *Krisen und Verhaltensauffälligkeiten bei geistiger Behinderung und Autismus*, Verlag W. Kohlhammer, Stuttgart 2003

Wüllenweber, Ernst u.a. (Hrsg.): *Pädagogik bei geistigen Behinderungen. Ein Handbuch für Studium und Praxis.* W. Kohlhammer, Stuttgart 2006

ま行

や行

ら行～

[人名索引]

た行

な行

は行

ま行

や行

ら行

索　　引

[事項索引]

著者紹介

船尾《ふなお》 日出志《ひでし》

1951年生まれ
愛知教育大学教授
　2008年４月～2011年３月の期間
　愛知教育大学附属養護学校長（兼任）
主な著書と翻訳書
　『パウル・エストライヒ』（学文社）
　『子どもためのの教育』（学文社）
　『教育者シラー』（学文社）
　『哲学の根本問題』（学文社）

幸せの門がある学校
――子どもたちとともに育ち，育てられた養護学校長の体験と学び――

2012年10月30日　第１版第１刷発行

著　者　船尾日出志

発行者　田中　千津子
発行所　株式会社　学 文 社

〒153-0064　東京都目黒区下目黒3-6-1
電話　03（3715）1501 ㈹
FAX　03（3715）2012
http://www.gakubunsha.com

印刷所　新灯印刷

ISBN978-4-7620-2302-6